1. 妹と奈良公園にて。12 歳頃／ 2. 管財課時代、同僚と／ 3. 結婚式。仲人は笑福亭鶴瓶さん／ 4. 24 歳から始めた、趣味のサーフィン／ 5. アメリカでの研修

6. 中国・西安にてサッカー姉妹都市交流／ 7. 新潟県の蓮華温泉にて／ 8. サッカーを教えていた「奈良 FC.jr」／ 9. 河瀬直美さん、尾野真千子さんと／ 10. せんとくんと

11. 天川村・大峰山で修行／ 12.「奈良 FC.jr」で監督をしていた／ 13. 美濃加茂市役所にて／ 14. 山添村の「かすがガーデン」にて／ 15. 大好きな十津川村・山天集落

16-17. 東吉野村にあるシェアオフィス『オフィスキャンプ東吉野』／18. 下北山村にあるコワーキングスペース『SHIMOKITAYAMA BIYORI』

19.OWLD構想で展示・販売を行った際のビジュアル（撮影：西岡潔）／20.「DESIGN CAMP@奥大和」／21.「奥大和クリエイティブスクール」の講師陣と

22.「MIND TRAIL 奥大和」のキービジュアル／ 23.「MIND TRAIL 奥大和」の開会式展／
24.「MIND TRAIL 奥大和」での作品「1/8000000」西岡潔

25.「MIND TRAIL 奥大和」での作品「JIKU」齋藤精一／26.「MIND TRAIL 奥大和」での作品「TOKIDOKI DOKIDOKI」北浦和也（24-26 撮影：都甲ユウタ）

27. 著者近影（撮影：西岡潔）

ライク・ア・ローリング公務員

まち思う故に我あり

福野博昭

もくじ

奈良県庁 所属部署

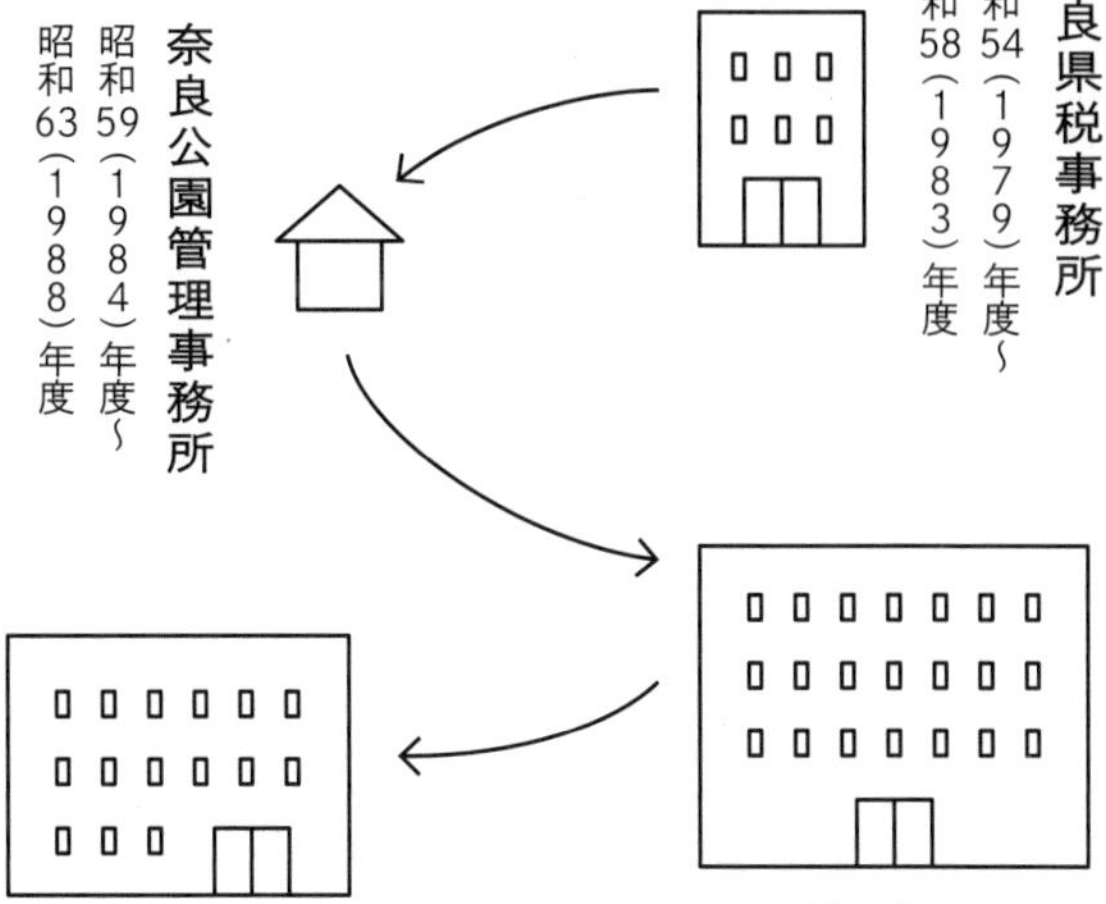

奈良県税事務所
昭和54（1979）年度〜
昭和58（1983）年度

奈良公園管理事務所
昭和59（1984）年度〜
昭和63（1988）年度

本庁

開発調整課 平成元（1989）年度〜平成5（1993）年度
青少年課 平成6（1994）年度〜平成9（1997）年度
管財課 平成10（1998）年度〜平成13（2001）年度
平城遷都1300年記念事業準備事務局
平成14（2002）年度〜平成17（2005）年度

奥大和関連

滞在戦略室 平成18（2006）年度〜平成20（2008）年度
ならの魅力創造課 平成21（2009）年度〜平成23（2011）年度
南部振興課 平成24（2012）年度〜平成25（2013）年度
南部東部振興課 平成26（2014）年度〜平成27（2015）年度
移住交流推進室 平成28（2016）年度〜平成29（2017）年度
奥大和移住・交流推進室
平成30（2018）年度〜令和2（2020）年度

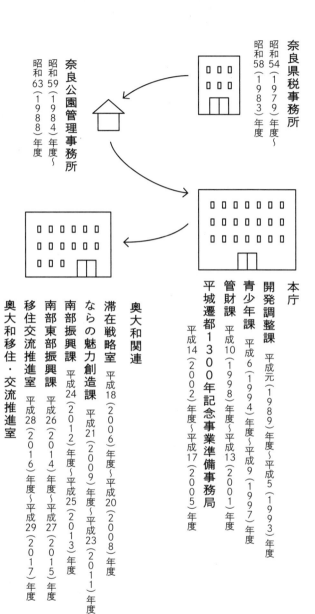

はじめに

本書は、42年間奈良県庁に勤めた熱い男・福野博昭さんの物語です。

第2章で紹介されていますが、平成18（2006）年、大阪から奈良県・東吉野村という山村に移住し、デザイン業をフリーランスで行っていた当時の僕は、ある雑誌の取材がきっかけで福野さんと出会いました。

奈良に縁もゆかりもなく、以前住んでいた大阪や、その界隈のお仕事で生活していること。友達や仕事仲間も、奈良にはおらず、遊びはもっぱら大阪や京都へ出向いていること。

そんな現状を取材の際に話したところ、福野さんがこんな風にいったんです。

「奈良に友達おらんのもあかんし、奈良の仕事してないのもあかん！　友達は紹介するし、仕事も一緒にやろ！」

この一言から、僕の人生は変わったんだと思います。

以来、公私ともに仲良くさせていただき、仕事や人に向き合うスタンスが独特な福野さんから、ずいぶん多くのことを学ばせていただきました。

「この学びが、近しい人たちの間だけで終わってしまうのはもったいない！　福野さんのように仕事を楽しむ自治体職員こそが、ローカルを元気にするのではないか！」

そんな風に思った人たちの手によって、この本は生まれたのです。

これから始まる物語は福野博昭さんの自分語りで書かれています。

少々読みにくかったり、意味が分かりづらい箇所もあると思いますが、著者である福野さんの魅力をできるだけ正確にお伝えしたくて、このような表現を選んでいます（福野さんに出会ったように感じてもらいたいのです）。


それでは、本書の内容がどのようになっているか、簡単にお伝えしますね。

第1章では18歳で入庁した福野さんが、自治体職員として奮闘した物語を。

第2章では奈良県奥大和地域を中心に活動した、自治体職員の後半の物語を。

第3章では自治体職員になった個人的な理由について。

第4章では自治体職員の仕事をおもしろくする秘訣やこだわりを。

第5章ではコロナ禍と福野さんの最終年度が重なった令和2（2020）年度の活動について、それぞれまとめています。


「ローカルベンチャー」という言葉をつくり、岡山県・西粟倉村で活動している『エーゼロ』『西粟倉・森の学校』の牧大介さんが「福野さんのような自治体職員が10人いれば、日本は変わります」と話してくれたことがあります。

この本は、仕事に悩む若い人たちや、ローカルで頑張るプレイヤー、人生を折り返そうとしている会社員の人たちなど、多くの人に読んでいただきたいのですが、特に、地方の自治体職員の数多くのみなさまのお手元に届けば、本当に日本が変わるかもしれません。

大きなことを書きましたが(笑)、そろそろ、福野さんの物語が始まります。笑いあり、涙あり、そして関西弁ありの福野ワールドへ、いってらっしゃい!

合同会社オフィスキャンプ代表社員　坂本大祐

奥大和MAPと手がけたプロジェクト

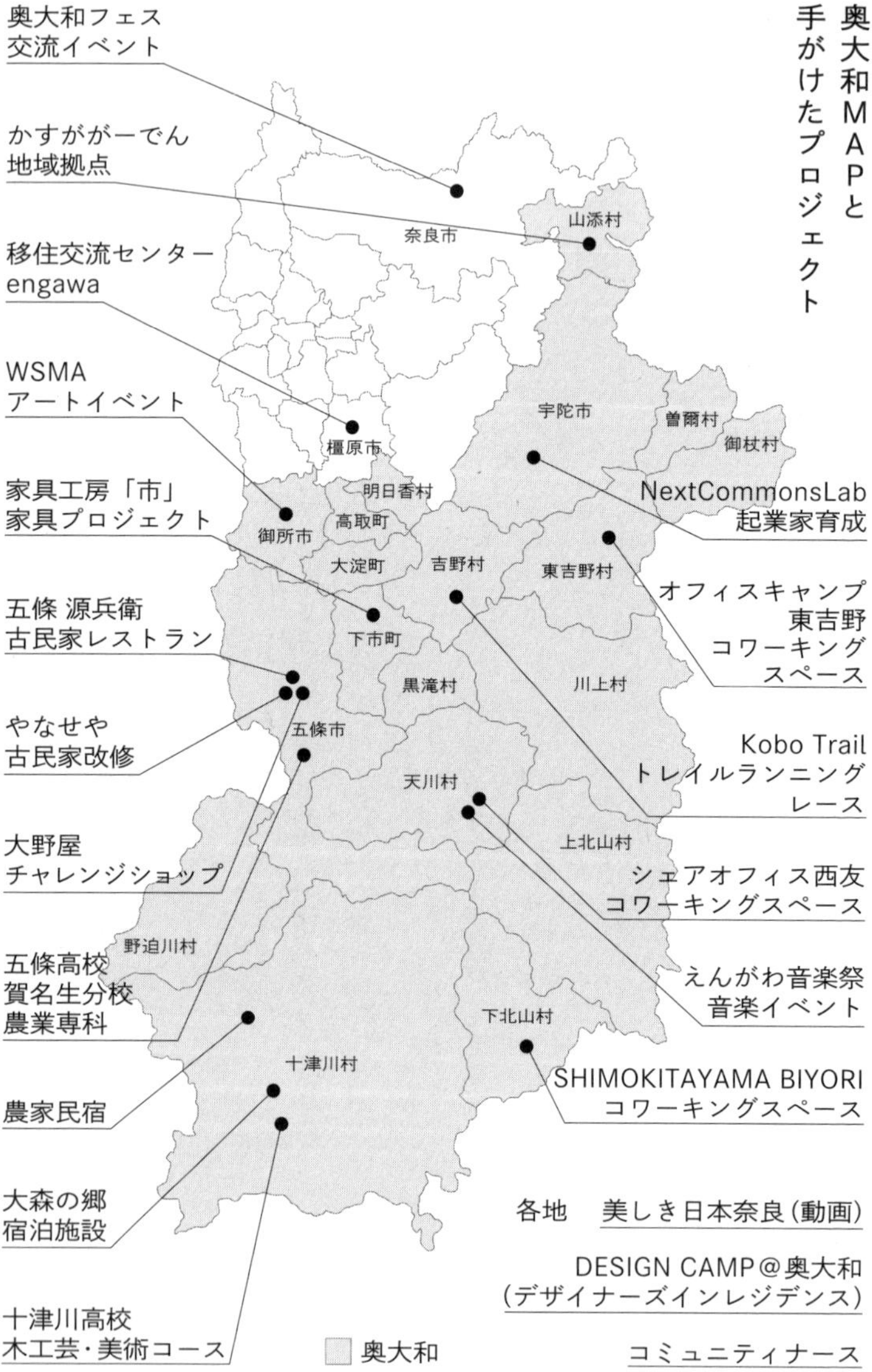

奥大和フェス
交流イベント
かすがが一でん
地域拠点
移住交流センター
engawa
WSMA
アートイベント
家具工房「市」
家具プロジェクト
五條 源兵衛
古民家レストラン
やなせや
古民家改修
大野屋
チャレンジショップ
五條高校
賀名生分校
農業専科
農家民宿
大森の郷
宿泊施設
十津川高校
木工芸・美術コース
奈良市
山添村
宇陀市
曽爾村
御杖村
橿原市
明日香村
高取町
御所市
大淀町
吉野村
東吉野村
下市町
黒滝村
川上村
五條市
天川村
上北山村
野迫川村
下北山村
十津川村
NextCommonsLab
起業家育成
オフィスキャンプ
東吉野
コワーキング
スペース
Kobo Trail
トレイルランニング
レース
シェアオフィス西友
コワーキングスペース
えんがわ音楽祭
音楽イベント
SHIMOKITAYAMA BIYORI
コワーキングスペース
各地　美しき日本奈良(動画)
DESIGN CAMP@奥大和
(デザイナーズインレジデンス)
コミュニティナース
奥大和

第1章

公務員、めっちゃおもろい！

社会ってすごいな。変わるんや！

〈奈良県税事務所〉


この仕事、おもろいんちゃうか？

そう気付いたんは、昭和54（1979）年に県庁入って最初に所属したセクション。

出先機関の奈良県税事務所っていうとこ。

担当してたんは主に不動産取得税。これは土地や建物の購入や贈与などで、不動産を取得したときにかかる税金のこと。

その頃、俺は高校出てすぐの18歳やから、税金のことなんか全く知らんかってん。税金という言葉は知ってるけど。不動産取得税？　なんのこっちゃ、みたいな感じ。

せやのに事務所に行ったら、最初にそろばん渡されんねん。みんなそろばん持ってはって。

俺子どもの頃、そろばん教室行ってすぐやめたタイプやから、全くでけへん。めっちゃ不器用やし(笑)。

そうしたら『地方税六法（当時）』っていう、地方税の六法全書みたいな、めっちゃ分厚い本渡されて「そこ読んどけ！　これ読むか、そろばん練習せえ」って。

よう見たらその中に不動産取得税のところ、ちょっとしかないのに。

俺にしたら「はぁ？」みたいな感じやったなぁ。書いてる意味、全く分からん。もちろん法律なんか読んだことないし。

高校出たばっかりで、初めてスーツ買うて、ネクタイの締め方もちゃんと分からんときやで、いきなりそんなんいわれても……。

４月１日から事務所に３日ほど行ったら、２週間ぐらい新人研修。帰ってきたら次は税務研修で、もう頭がこんがらがってわけ分からへんやん。

そろばんに法律、研修って、おもろなくて。辞めようかな、向いてへんのかなって思ったなぁ。

不動産取得税って、誰が不動産を取得したかどうかって分からんから、法務局っていう国の機関に調べに行くねん。奈良県税事務所の先輩らもたいがい偉そうやったけど、法務局の人らが、またavailable めちゃめちゃ偉そうやってん。「なんじゃこりゃ」って思ったなぁ。

特に夏に行ったらエアコンがない部屋で、ステテコとシャツ姿で、バケツに水入れて、そこに足突っ込んで汗バーッてかいて仕事してはった（笑）。

仕事は、登記申請書に「所有権移転」っていうのがあったら、土地のことだけを調査書に書き写すねん。建売を買う人が多いから、土地と建物が同時に登記されてる。

プリンターで打ち出しとかない手書きの時代やから、書き写して事務所に帰ったら、それを決議書や納付書にまた書き写すねん。

当たり前の話やけど、そのたびに間違うたりするやん？

「なんでこんなわけの分からんことやってんねん」ってむちゃむちゃ思ったわ。

さらに、当時の不動産取得税は、土地を買ってから2年以内に家を建てたら、減免措置があって、最大4万5000円（当時）減免された。ただし、後で事務所まで来て減額申請書を書いて手続きしたら返します、みたいな制度やっててん。税金って、基本的に申告制なんやな。昭和54年やったから、住宅ブームで家を買う人は多かったんちゃうかなぁ。そういうことやから税金の通知を送ったら、人がいっぱい事務所に申請に来はる。

当時は県庁からの銀行振り込みの仕組みがないから、後で県から「お金を返します」みたいな書類を書いて送るわけ。そこで「なんでこんなことしてんねんやろ」って疑問に思ってんな。

「特に建売住宅の登記申請書は、法務局で書き写すときに家が同時に登記されてんのが分かってんのに、なんで送らなあかんねん！」

登記申請書を写しに行ったときにその情報を添えたら、別に後から手続きに来てもらわんでもええんちゃうの？　って思ってん。

でも、上司は「そういうもんや」っていわはる。

「いや、おかしいやん、分かってるやん！」

なんでこんなことしてんねん。わざわざ事務所まで来る人たちに申し訳ないって思った。

自治省（現総務省）の担当部局に公文書で質問したら、公文書で答えが返ってくる制度があってん。当時の所長がごっつええ人で可愛がってくれて、「なんぼでも質問したらええ」っていうてくれた。

係員は8人おって、係長や課長もおんねんけど、その所長にどんどん話すようになって。そうやってやり取りしてるうちに、いろんな人が関わってくれて、県庁の担当課が動いて、事前に減額できる事前減額制度ができたんやで。

どんどん質問してるうちに税金の制度が変わるなんて、すごいと思うやん。

「社会ってすごいな。自分の『なんで？』で、変わるんや！」

こんな、俺みたいな県庁入ったばかりのぺーぺーがガタガタいうてやで？

そのとき、思った。

「自治体職員の仕事って、ちょっとおもろいんちゃうか？」

俺がなんもいわへんかったら、手続きしたい人が大量に押し寄せて、並ばせて、申請書書かせて、みんなに返す手続きまで、おんなじことばっかりしてたてん。

それからは法務局で登記申請書を調査書に書き写すときに、土地のことを書いた下に建物の欄を新しくつくって、建物がいつ完成か書けばいいってことになってん。建売住宅やったら2年以内に建ってるって分かるし、不動産取得税が４万５０００円を超えてたら、はじめからその分を差し引いて送ったらええんやから。

県庁って、おかしな世界やな

でもな、県の中ではすごい抵抗あってんで。県内の４つの県税事務所間で打ち合わせしたら、「そんなんしてたら仕事減るやんけ」「人減らされるわ」って反発が出て。

俺は「いやいや、何いうてんの。またいっぱい申請に来られたら、こっちもめんどくさいやん！」って。

不思議やなって、すごい思ったわ。

不動産を買う人はこういう制度を知ってはるかもしれへんけど、俺みたいになんも知らん人も多い。そもそも手続きしてない人もおるやろ。

それって、制度を知らん人から結果的に税金巻き上げてることになんねん。「悪いやっちゃな」と思ったなぁ。

できるだけそういうことないようにしようと、普通思うやん。

別に俺は善人でもなんでもないねん、やんちゃもしてたし。でもそんなことして、県がお金もうて（もらっての意）どやねんって。

そんな風に、仕事が始まっていった。


奈良県税事務所でなんでも「なんでやねん」っていうてた頃の、印象に残ってるエピソードがあってさ。あるとき、事務所に電話がかかってきて、たまたま俺が出たら、「０やけど」って。

「お前んとこの税金、どないなってんねん！」

「これはこうで、こうで……」

そうやって一生懸命説明しようとする俺。

「お前電話で済むと思てんのか。俺は○や、どこどこの○や！　支持者から聞かれてんねん！」

俺は支持者ってなんのことか分かれへんやん。「支持者？　なんすかそれ？　誰？」っていうてたら、課長が慌てて飛んできて受話器を取り上げた。

「先生、すみません、失礼しました。入ったばっかりで分からんもんで、指導しときます」

電話の後、課長にこういわれた。

「お前、先生からの電話やったら、ちゃんといわなあかんがな！」

「課長、先生って？　担任の先生やったん？　習うてたん？」

「先生いうたら、県議会議員の先生やないか！」

「県議会議員って誰？　なんの話？　知らんやん」

当時の俺は10代で選挙に行かへんし「そんな偉い人なん？」ってな。

「先生は偉いねん！」

「偉い？　担任の先生？」

「いや違う」

県議会議員が支持者から税金のこと聞かれたんやろな。

俺はわけ分からへんやん。おかしな世界やなって。なんでペコペコしとんねん、って。

その後、土地の取得税担当から建物の取得税担当に変わって、建物の評価の仕事がおもろなってん。普通は市町村の担当者が評価するねんけど、小さな村ではめったに新築物件なんかないので、県にやってくれって頼まはんねん。

日本の家屋って、単位が「一間《いっけん》、半間《はんげん》」「一尺、二尺」「一寸」の世界で、だいたいサイズが決まってんねん。

例えば、廊下の幅は半間で91センチ、引き戸が一間で１８２センチとか。

両腕を横に広げたら、右手から左手の先までが約１８０センチで、一間やねん。手のひら広げて柱の寸法を測ったら、だいたい10・５センチか12センチやねん。現場で自分の体を使えば、図面が引けてしまう。

柱の寸法、床や壁の種類で評価額が違うねん。そんなこと覚えて、家の評価するのがおもろてしゃあなかったなぁ。

「家って、こんなんなってんねや！」

「建築、めちゃくちゃおもろいな」

そう思えて、楽しかったなぁ。

その知識は、のちのち古民家の改修で役に立つことになるんやけど、それはまだ先の話。

県税事務所にいたのは18歳から23歳。結局5年いてた。たぶん俺がガチャガチャいうから、異動先がなかったんやと思う（笑）。普通3年ぐらいで異動すんねんけどなぁ。

奈良公園の柵の針金を勝手に切る

〈奈良公園管理事務所〉

その次、昭和59（1984）年に配属されたんが、奈良公園管理事務所。大仏がある東大寺や鹿で知られる奈良公園を管理する、出先機関や。

俺の実家からすぐやから「近所やん。遊び場や。そんなとこに事務所あったんや」って思った。それまで、県庁が奈良公園を管理してるなんて思ってもないし。

ほんで、4月1日にスーツ着て管理事務所に行ったら、小屋みたいなのが建っててん。小屋やで（笑）。

「なんやこれ。小屋やん。俺ここで働くんかなぁ?」

そしたら小屋の窓が開いてて、「福野くんか。ここや、ここや」っていうて。

俺は普通にスーツ着て行ったんやけど、ほかの人ら全員、作業服で。なんやこの感じ、事務所感全くないやん！（笑）

正直、左遷されたんかなと思った。普通、新規採用者はまず出先機関に配属されたら、二つ目の部署では本庁に行くねん。2連続で出先機関っていうんは、まぁない事例やと思う。

公園をパトロールしてる人、木の世話してる人、駐車場や有料道路の料金所の人とかがいて、その中に自治体職員もいた。

みんなゆっくり仕事してて、正直仕事でけへん人とかもおるし。

俺、性格上どうしても仕切る感じになってきて「しっかりせえや、お前」みたいになってしもた。

そんな調子で、奈良公園ではいろんなことやったよ。

最初にやったんは、昔公園によく、木に似せたコンクリートの低い棒が柵になったの、あったやん。専門用語で「擬木《ぎぼく》」っていうんやけど。

棒に穴開いてて、そこに針金とか紐が通ってて柵になってるやつ。

それにさ、特に日が暮れるのが早い冬、夕方につまずくねん。高さが低いし鉄の針金が細いから、見えへんねん。

自転車で公園通って帰ったら、バンッて針金に引っかかってこけたり。

「なんじゃこりゃ、危ない。これたぶん、みんな怪我してるやろ」

当時、俺にはもう子どもができてたし、小さい子どもにとっても危ないやろって思ってん。

ほんで、上司や同僚にいわずに「この針金切ったろ！」って思って、自分で道具を持ってきて、バンッて切っていった。

奈良公園はまぁまぁ広いから、切った針金がえらい量になってくる。「こんなんキリないわ。この針金の処理どうしようかな」って思って、中学校の先輩で解体屋やってる人がおったから、電話してん。

「先輩、針金引き取ってくれへん？　普通のゴミに出されへんねん」

「今、鉄高いから、持って行ったんぞ。俺（針金を）取っといたろか？」

俺、「そしたら全部取っといて」って答えてしもた（笑）。

でも、後からバレても怒られへんかったで。そういう時代やったんかな。

奈良公園のゴミ箱も撤去や！

事務所では毎週月曜日の朝から、ゴミ掃除とトイレ掃除に行くようになってたてん。週末に観光客が来てゴミ箱がいっぱいになるから、そのゴミを軽トラで集めに行くわけ。

奈良公園に置いてるのは、筒型の鉄製のでかいゴミ箱。鹿がゴミを引っ張り出さへんように上にフタがしてあって、横に穴が開いてて、そこからゴミを入れるんやけど、あんまり入らへん。

だからゴミ箱がいっぱいになったら、観光客の多くはゴミをゴミ箱の周りに放ったらかしにする。

それを鹿が散乱させたり、ビニールを食ったりするねん。死んだ鹿のお腹からビニールが出てきたこともニュースになって。鹿もかわいそうやし、こう思った。

「このゴミ箱どけたら、どうなんねんやろ?」

そう思ってから行動に移すまでは、そら早かったで。

ゴールデンウィーク明けやったかな? まず奈良公園の県庁の向かいのエリアにあったん3本、勝手に撤去した。

ほんだら、翌週の月曜日、そのあたりにゴミがない。「やっぱりや」って思って(笑)。

次に、当時あったスポーツ施設『春日野グラウンド(現春日野園地)』の6本、これもやったろかと。

事務所の近くやったから、6本も抜いたら目立つやん。「お前何してんねん?」って聞かれたけど「ゴミ箱どける実験ですわ」っていうて。

ここも案の定、次の月曜日にゴミなくて。

解体屋の先輩に電話して「残りのゴミ箱、取ってくれる?」ってお願いした。全部で220本ぐらいあったんちゃうかな。

有料駐車場以外の、公園内のほとんどのゴミ箱が撤去された瞬間、奈良公園からゴミがなくなってん。スカッとしたで（笑）。

せやのに、批判のハガキとか手紙がいっぱい、ダンボール箱2箱ぐらい来た。地元のＮＨＫのニュース班まで取材に来て、「どうするんですか？」みたいな。それが広がって、「ゴミ箱を戻せ」っていう声も出てきてん。そんなんいわれても、もうあらへん。処分してしもた。

批判してきた人たちは、観光客が駅にゴミを捨てていくから「近鉄奈良駅がゴミだらけになる」とかいうてきてた。

でも俺的には、奈良公園は入場料取ってないし、自分で出したゴミぐらい持って帰ってくれたらええやんって。観光客に持って帰らしたらえええっていう意見に賛同する人もおってんけど、１週間ぐらい騒動になった。

上司は「福ちゃん、どうすんの？　えらいことになってるけど」と。当時24歳の俺も、さすがに心配になってきて。

「俺、クビやな、どうしようかな……」

そしたら、東京のＮＨＫの人が取材に来た。当時は民放テレビの全国ネットはなかったから、ＮＨＫだけが唯一の全国放送やっててん。

ＮＨＫの人が関東弁で「すばらしい！　セントラルパークにはゴミ箱はありません」っていうてくれて、取材を受けてん。

クビを覚悟してた俺は、「はぁ？」やった。

「セントラルパーク？　なんですかそれ？　どこにあるんですか？　東京？」

そう聞いたら、ニューヨークの公園のことやった。さすがやな、ＮＨＫ。「海外の公園にはゴミ箱がないんですよ」っていって放映してくれた。

そうしたら批判ムードが収まって、クビが繋がってん。

奈良公園のトイレに革命を

ゴミ掃除がなくなったら、トイレ掃除にだけ行くのめんどくさなって「次はトイレ、きれいにしたいな」って思うようになった。

その頃たまたま「なら・シルクロード博覧会」っていう大きなイベントの開催準備で、奈良市が奈良公園エリアに下水道を整備するってなってん。

つまりトイレを水洗化することになるから、俺はこの機会に、トイレをきれいにしたいと考えた。

当時、建設省（現国土交通省）標準仕様みたいなんがあって、公衆トイレは和式のトイレばっかりやってん。

俺高校1年のとき、足を骨折して和式トイレに難儀した（苦しんだの意）経験あるから、和式やと困る人もおるやろうと思って。

洋式がええやん。洋式トイレ付けたいと。

でも、前例がないっていう話で、ここでもゴチャゴチャといわれたから、「これどっかで絶対やってるとこあるはずや」と、ネットがない時代やから図書館で調べてん。

そしたら『日本トイレ協会』いうのが東京・虎ノ門にあると分かって、一人で出張に行かしてもろた。

「自治体でトイレを頑張ってるところ、紹介してください」

そう話したら、静岡県伊東市にすごい頑張ってる人がおると。そこは、設置だけやなくて、トイレの考え方とかも全国で一番進んでるらしい。

すぐ伊東市役所に電話してもろて、担当者と話してん。

それが、鈴木弘征《ひろゆき》さんとの出会い。鈴木さんは、伊豆で有名な早咲きの桜、河津桜の名付け親で敏腕職員やった。

「今から来いよ。泊まり(宿のこと)取ってんのか?」

「取ってません」

「こっちで取ってやるから来いよ。5時に間に合うよ」

伊東って行ったことないし。そこで行き方を聞いて、すぐに伊東市役所に向かった。

「すいません、奈良県庁の福野っていいます、奈良公園から来ました」

「待ってんだよ、おせえんだよ！」

そのときまだ5時やったんやで。車に乗せられて、いきなり居酒屋連れて行かれて、バーッて飲んだ。

「飲め。食え。うめえだろ、『うめえ』っていうんだよ」

「おいしいです」

「『うめえ』っていうんだよ！」

えらい（クセのあるの意）おっさんやなって思ったわ（笑）。

朝、目覚めたら服のままで寝てて、「ここどこや？」みたいな感じで。そしたらドアをドン、ドン、ドンって叩く音。

「いつまで寝てんだ。今から行くんだよ、現場」

で、連れて行かれて、鈴木さんが手掛けたトイレを見ることになるねん。

驚いたんは、トイレが目立つとこにあったこと。昔、公衆トイレって目立たないようにしてたから。

でもそのトイレは公園の真ん中の、目立つ場所にあった。真ん中にあると、人ってきれいに使うねんって。きれいに掃除もされてて、嫌な臭いもせえへん。あえて真ん中に出していく考え方をするのが鈴木さんやった。

「トイレだって、かっこよくしないとだめだよ」

めっちゃかっこええな、この人すごいなって思って。

「役所って、こんなおもろいことできんねんや（できるんだの意）……」


伊東市で見たものがすごい勉強になって、全国のトイレも研究したりして。その後、奈良公園のトイレの新築と改修で合わせて14ヶ所を工事した。

県庁の内部ではいろいろ揉めまくったなぁ。建築の担当が、国の仕様がどうとかいうて。ゴチャゴチャいわれた洋式トイレは、各トイレに男女一つずつつくってん。

それからトイレ掃除を直営から委託に変えたよ。当時委託って前例がなくて、仕様書つくるために掃除の時間を計ったり、トイレットペーパーの予算を獲得したりした。一人何メートル使うか真剣に考えて、積算したなぁ。

さらに、トイレを使う頻度は女の人のほうが多いやん。女の人は使う時間も長いし、鏡もようけ（たくさんの意）要る。男は短いやん、小便器の前に立ってするだけやもん。せやからトイレ全体の面積は、男女比を約１対２にするってアイデアも出してん。

洋式トイレ付けて、さらに男女比まで変えたトイレっていうんは、当時ほかではあんまやってなかった。そやから一時「トイレサミット」みたいな会議に呼ばれるようになって。

東京でのトイレのイベントとか、めちゃおもろかったで。アフリカとかヨーロッパのトイレに比べたら、日本のトイレってむっちゃようできてんねん。

和式トイレの形って、日本独特らしいで。外国は穴開いてるだけ。周りに飛び散るやんか。そうすると掃除やりにくいやん。日本の和式トイレは飛び散らないよう工夫されてて、すごい優れてて。

トイレってすごいおもろいなって思ったなぁ。

あるとき横浜での「トイレサミット」後、トイレ業界のみんなと「この後、東京行って飲も」ってなって、横浜から東京に向かう電車の中でトイレの話で激論しててん。

俺はちょうど奈良公園のトイレやってるときで、「文化庁がデザインでしょうもないこといいよるねん。屋根の反りがあかんとか」って話したら「そんなん関係ない」ってみんないってくれて、「文化庁に行って長官にいうたろか！」って盛り上がってたら、近くにおっちゃんが立ってはってん。

普通のおっちゃん、ほんまにザ・サラリーマンみたいな人や。

俺らは4人席に3人で座ってて、おっちゃんが一つ空いてる席を指して「座っていいですか？」。「どうぞ」っていうたら「話に入っていいですか」って。

「トイレの話だよ」って、伊東の鈴木さんが答えたら、「それに、ちょっと関係あります」と名刺を差し出してきた。

パッと見たら「伊奈輝三《いなてるぞう》」って書いてあって。

「誰や？」

ほんだら、埼玉のメンテナンス会社の人が「伊奈輝三って『伊奈製陶』の？」って驚いてはる。

「『伊奈製陶』、あのトイレの伊奈？」

「はい、それやってます」

それが『伊奈製陶』の第5代代表取締役社長で、後に『ＩＮＡＸ（現LIXIL）』の会長になられる伊奈さんとの出会いやった。

当時、『伊奈製陶』は六本木のアーク森ビルに本社があって、俺はそこの研修会で話をさせてもらったり、業界誌の巻頭特集に載せてもらったりした。その特集では、京都のスタイリストの人と対談してんな。

あと、当時トイレの壁のタイルは1～2センチの小さいタイルしかなかってん。小さい分、目地部分が多くなって、そこに匂いがついて臭いねん。『伊奈製陶』の人に「10センチくらいの大きいタイルってありませんか」ってお願いしたら、それが商品化されたこともあったなぁ。そのタイルは、奈良公園はもちろん、全国各地で使われるようになったよ。

いろんなことでトイレはおもろかった。まだまだ改良されてる時代やった。業界のみんながいろいろ提案して、改良してつくっていった時代。トイレはほんま、奥深かったなぁ。

日本初。歴史的な奈良公園での電柱地中化

トイレ改革のきっかけになった「シルクロード博」で、ほかでもいろんな工事があってん。時代はバブルやったしな。

せっかくやからそれを機に、良くできるとこは良くしたいやんか？

例えば、東大寺の大仏前の交差点から、大仏に向かって電柱が3本あってん。電線や電話線が張り巡らされてるから、景観悪いやん。

俺、関西電力の人に「それどけてほしい」っていうて（笑）。

電柱には、法律で定められた占用期間っていうのがあって、関西電力は公園の土地を使うから、公園管理者の許可を受けてた。それが10年って決まっててん。

たまたま、ちょうどその切り替えのタイミングやった。

いいチャンスやんか。

その頃、奈良市で電柱の地中化がちょっとずつ始まってててん。市内のほかのエリア、それもまちの中のビルが建っているところで始まってた。

関西電力の担当者は、「今後１００年、まちが大きく開発されへんねんやったらっていう条件で地中化できる」っていわはった。

「奈良公園なんて、１０００年経っても絶対変わらんわ。歴史的風土特別保存地区で名勝指定の奈良公園やで！」

「そんなこといわれても……」

「大仏前の３本だけでも！」

そうお願いして、やっと関西電力が重い腰を上げてくれてん。

せやのに、大仏前商店街で反対意見が出てきてな。

そのとき、奈良漬を販売してる『森奈良漬店』さんが地元を説得してくれはって、なんとか地中化できることになってん。

とりあえず電柱３本は抜いて、それ以外の場所で特に景観のいいところはいつでも地中化できるように、フレキシブル菅っていう空の管を地中に入れてもらうことになった。

それで、地中化できない公園内の電柱、電話柱、外灯を景観に響かないよう濃い茶色にしてん。

古いまち並みの歴史的な場所で全部電柱を茶色にしたり、一部を地中化したのって、奈良公園が全国で最初ちゃうかな。

そんなん俺は全然知らんかってん。それが新聞にバーッて載って、俺ちょっと嬉しかったもんなぁ。

最後には関西電力の人、お礼いいに来はったもん。

「こういう事例ができたから、これから京都、鎌倉と広がっていくでしょう」

奈良から始まったんや。ええ仕事やったなぁ、今から思ったら。

県税事務所と奈良公園管理事務所。出先機関での濃密な10年間で、俺という人間はかなりできあがったと思うよ(笑)。

本庁勤めやなくて、出先機関から始まったんが、いい経験になったと思うわ。

いち早くパソコンを導入する

〈開発調整課〉


平成元（1989）年4月。時代は、バブルの絶頂期やったなぁ。

そんなときに開発調整課へ異動になった。

県庁にパソコンが導入されだしたのはこの辺から。

俺、実は奈良公園管理事務所時代、県庁よりも先にパソコンを入れててん。

駐車場や有料道路の日々の売り上げ計算や、そこで働くアルバイトの子らの賃金計算や許認可案件の整理で、当時の表計算ソフト「マルチプラン（Multiplan）」やデータベース管理ソフト「桐」を使ってた。

でも開発調整課に来たら、ない！　せやから最初の3ヶ月ぐらいですぐ導入してん。「マルチプラン」ですぐ計算できるようにしたり、「桐」に入力して、すぐ検索できるようにした。台帳整理はアルバイトの子らに手伝ってもらって「桐」に入力して、その符号だけ付けて、ロッカーにシール貼って分類したり。

そういうの考えたり整理したりするの、おもろいから。

それにめっちゃ忙しいから、そうせな回れへんかってん。書類探すだけで時間かかるなんて、時間の無駄やから。無駄な書類をできるだけ捨てようとか、そんなこともしたり。俺は開発調整課で一番下やったけど、めっちゃ楽しかった。

開発調整課は、民間企業の大規模開発の調整をするとこで、例えば、住宅地の開発で20ヘクタール・何百戸とか、ゴルフ場の開発で150ヘクタールとか、そんなんの開発申請を出す前に、だいたいの許可取れるかどうか、目安みたいな調整をすんねん。

開発許可っていうてもいろいろあって、都市計画区域内やったら都市計画法上の開発許可があるし、山やったら森林法があるし。

奈良やったら古都保存法や風致地区条例、景観、自然公園、埋蔵文化財の関係、道路、もちろん周辺住民の同意とか、市町村との調整もある。いろんなことがいっぱい出てくるねん。

事前に調整するから、もちろん反対運動とかもある。そんなんも聞いたり。

でもそうやって一回、前さばき（予め行う処理の意）したら、申請出した後はわりとすっと進むねん。

大きな事業がいっぱいあって、同時進行案件が多くて、ゴルフ場ブームやったし、20数件あったかな。

出張と調整。電話鳴りっぱなしやし、おもろてしゃあなかった。好きな仕事やったなぁ。楽しかった。

当時の開発調整課は、ほんまに課長がヤクザみたいな人やって。「こんなんでいいんかな」みたいな格好やねん。パンチパーマあててて（笑）、スーツの裏生地にガーッて刺繍してあって、マドラスの靴で、派手なネクタイしてて。「お前、ネクタイやるわ！」ってもろても、「こんなネクタイできませんやん」みたいな（笑）。

でもすごい人やったよ。その次に課長になった人もすごかったし、この二人の課長は俺に影響を与えたな。

課長っていうのは親分やっていうスタイルで。普段は何もいわへんけど、ジャッジがすごい早くて的確やし、パッて決める。グチャグチャ悩まへんな。

決断が早い理由は、まず世の中のルールで正しいか・間違ってるかを大事にしてるっていうこと。

俺もずっとそう思ってたから。けど、そういう人は県庁にはあんまりいてへんねんな。だいたい世の中のルールと反対のことが多いねん（笑）。

でも、その二人は当たり前のようにそうしてくれはるから、俺にとっては楽やったなぁ。全然しんどなかった。

俺もこうならなあかんな、かっこええなって思って。一人目の課長は、男気があってん。二人目の課長は、見た目もかっこよかったけど、腹据わっとってかっこよかった。

勉強になったし、こんな風に歳とれたらいいなって思ったんが、この二人の課長やったなぁ。

バブル崩壊の頃、アメリカで新しい時代に触れる

開発調整課にいた後半、バブルが崩壊して（平成３（１９９１）年からの日本の不景気のこと）、ちょっと暇になってきてん。

なんかちょっと勉強したなって（したくなっての意）、環境分野にすごい興味を持った。

きっかけは二つあって、一つは24歳の奈良公園時代から趣味でサーフィンを始めて、海によう行くから、地球環境のことを考えるようになってててん。

もう一つは、開発調整課に入ってから、大規模な開発と環境保全のバランスに関心を持つようになって、レイチェル・カーソンの著書『沈黙の春』を読んだ。自然破壊や化学薬品による汚染などについて書かれたベストセラー。これが頭に残ってたと思う。

次にアル・ゴア上院議員（当時。後に第45代副大統領）の本『不都合な真実』を読んだら、めっちゃ「アメリカ見てみたい！」って思ってん。

当時各部局から一人ずつ選ばれる海外研修の制度があって、それに応募することにした。当時企画部やってんけど、部内を「俺が応募するから誰も応募すんな！」っていうて回ってん（笑）。

当時京都に『アメリカンセンター』っていうアメリカ政府観光局の出先機関があって、そこに行って資料見てたら、そこの日本人スタッフと仲良うなって。

「福野さん、そんなアメリカに行きたくて、県の制度に応募するために書いたレポートがあるんやったら、うちでも募集してますよ。アジア人で一人分枠あるんですよ、レポート出したら？　私が英訳してあげるから」

大規模開発と環境との関係性とか、エネルギーのこととかをテーマにレポート書いててんけど、たぶんその人がだいぶ陰で応援をしてくれたと思うねん。

結局その枠で俺が選ばれて、アメリカ政府のサポートを受けて行けることになった。

そのサポートがすごくて。滞在中のレンタカーと通訳にかかる費用はアメリカ政府持ちやねん。それにアメリカ政府や行く先々のＮＰＯが、訪問先の選定とアポ取りまでしてくれた。


平成５（１９９３）年。アメリカに１ヶ月滞在して、いろんなこと感じたなぁ。

まず、ダムを壊していってる活動があることを知ってびっくりした（生態系を取り戻すため、約20年間で１２００基近くのダムが撤去されている）。

アメリカのテネシー川流域を電力開発している『ＴＶＡ（テネシー川流域開発公社）』（川流域の総合開発を行う政府の公共事業。政府の機関でもある）のことは中学か高校で習ってたけど、あれと同じ組織で『ＢＰＷ』っていう組織があって、それはコロンビア川流域が対象やった。その会社にアメリカ政府の紹介で行ってんけど、そこでダムを壊していくっていう話を聞いてん。

俺、当時大滝ダム（奈良県・川上村にあるダム。当時は着工前で地元住民への補償交渉の頃。地元住民の反発や遺跡の発掘調査などがあり、工事に取り掛かるまでに30年近くの月日をかけた）の仕事もやってたからなぁ。

ほかでも、シアトルでＮＰＯが『シアトルシティライト（Seattle City Light）』っていう市民電力会社を運営してたり、ロサンゼルスで環境系ＮＰＯ『ツリーピープル』が公園を管理してたのにも刺激を受けてん。

『ツリーピープル』は、駐車場のアスファルト舗装をめくって、地面が熱を持たないよう木製チップを敷いて抑えてた。道路は舗装するのが当たり前という時代にかっこええな、奈良公園でやりたいなぁってめっちゃ思ったわ。

それと、当時はまだ日本にＮＰＯがない時代やから、非営利組織っていうんが新鮮やったなぁ。儲からへんけど組織が回って世の中良くなるんなら、すごくいいなぁって。当時はバブルで「儲からなあかん」っていう時代やから。

ポートランドにはできたばっかりの『スターバックス』が１軒あって、毎日ポット持ってコーヒー飲みに来てる人たち見てすごいなぁって思ったなぁ。ポートランドには『ナイキ』

本社もあってん。めっちゃかっこよかった。週末になったら普通に住んでる人たちが庭先に要らんもん並べてガレージセールをやってた。これもええなぁって思ったな。

そんな風に、ロサンゼルス、サンフランシスコ、サクラメント、オリンピア、ポートランド、シアトル、バンクーバーを、１ヶ月かけて回ってん。

最初全然英語分かれへんかったけど、サンフランシスコぐらいから分かりだしてきたかなぁ。アメリカ滞在中は毎日午前中に訪問1件、午後から2件、夜は関係者と会食っていうスケジュールで。

せやから特に勉強してなかってんけど、英語が分かるようになったと思う。帰国する頃には、完全にしゃべれてたもんなぁ。

訪問先で話を聞いてても、最初の頃は日本語でノートにメモを書いててんけど、毎日やってるうちに日本語で書いてたら間に合わへんようになって、英語にした。

スペルは適当に書いてたんやけど、専門用語が多くてだいたい毎日同じようなことを聞くわけやし、全部分かるようになってくんねん。

すごい勉強になったわ。視野が広がった。知らんかったこと、いっぱいあったもんなぁ。

滞在中にテレビ見てたとき、アウトドアブランドの〝P社〟のCMで、日本の〝M社〟と比較されてたんも衝撃的で、勉強になったよ。

「うちの商品は、M社のものより価格が高い。でも売り上げの1％を地球環境のために還元している」

そんな内容で、こういうCMにアメリカ人は反応するんやって思った。

日本の暮らしってもともと、もったいない精神、再利用、節約とか当たり前やったやん。どこいったんやろ？　って思った。

そんなん、もともとアメリカにはなかったはず。せやのに、そのアメリカが大量消費・大量生産を否定し始めてた。日本がバブルで大量生産・大量消費に走っていってるときに。

俺それ、おかしいなぁって思って。

日本はいろんな法規制が厳しくて、環境に対する法規制も厳しい国やのに、地球環境への配慮は大事にされてないんちゃうか？　って。

意思決定の速さや、世の中が良くなるならやろう！　という雰囲気があるところが、アメリカの良さなんかなと。

日本はもともと良かったはずやのに、残念やなぁって思ったなぁ。優れてる文化もあるけど、イケてないとこもあるって気付いた。なんでこんなんなってしもたんやろって。

もっと日本のことをちゃんとやらなあかんって思って、帰国したよ。

自分の力でどこまでできるか気付いてほしい

〈青少年課〉

平成6（1994）年、その次に行ったんが、知事公室・青少年課。ここも、むちゃくちゃおもろかった。

やることは、青少年の健全育成。「俺がやってええの?」みたいな感じ(笑)。

俺の前任者はめっちゃ真面目なええ奴で、それまでいろんな事業の対象になってたのは、勉強ができるええ子ばっかりやってん。

それが条件になってるわけではないけど、俺にはそう感じられて「青少年の健全育成は、真面目な子を真面目に育てることなん!?」って思ってん。

俺は、やんちゃな子とか、行政がほんまに手を差し伸べないとあかん子らにこそ、なんらかのチャンスを提供したい。そういうもんやって思ってたから、めっちゃ違和感があってん。例えば、高校生や大学生に「ボランティア体験で老人ホームに行って、お年寄りのお世話をしましょう」なんて、悪い話やないけど、ちゃうなぁ〜って思うし。目的は青少年の育成なのに、田舎に行って地域振興事業です、って「困っているんでしょう」「○○してあげます」という態度も嫌やしなぁ。

若いうちに本物を見せて、自分の力でどこまでできるか気付いてほしい。若い子らの興味に近いこと・おもろいと思うことをしようと思ってんな。

「高校生といったらなんや？」

そう振り返って考えてみたら、自分やったら高校時代といえば、単車かギターか女や。これしかない（笑）。

女っていうのは事業にならへんから、単車かギターでなんかでけへんかなって思ってん。

「まず単車や」

そう思って動き始めてみた。

当時、単車の「三ない運動（正式名称：高校生に対するオートバイと自動車の三ない運動）」ってあって。高校生に免許を取らせない、単車を買わせない、運転させないっていう社会運動が、全国に広がってたてん。

そんなんあっても乗りたい奴は乗るやん。俺も、「単車って悪いもんやない。モータースポーツって楽しいもんや」と思ってたから。

それで俺、１０４にかけて電話番号を調べて『ホンダ』の本社に電話してん（笑）。

「奈良県庁、青少年課指導育成係の福野という者です。青少年の健全育成を考えてるんです」

「はい？」

聞き返す受付のおねえちゃん。

「県の事業で高校生を単車に乗せたいんです。トライアル（コースを走り抜けるオートバイ競技）をやらせたいと思っています」

「ちょっとお待ちください」

（保留音）

「失礼しました、担当の者、今日は外出しております。またご連絡します」

どうなるかと思ってんけど、2、3日後、県庁にほんまに電話がかかってきた。

「『ホンダ二輪近畿』の社長です。本社のほうから連絡がありまして、お会いして話しましょう」

「ありがとうございます！　会いましょう」

電話の1週間後ぐらいに、大和郡山市の『ホンダ二輪近畿』の奈良支店で待ち合わせてん。黒塗りの車がシャーンと来て、「どうぞ」。乗せてもらったら、社長が乗ってはって、車が走りだした。

「今日はちょっと現場行きましょう」

「どこ行くんですか？」

「鈴鹿、行きましょう」

「えっ!?」

まさかの鈴鹿やん。俺、鈴鹿はレース場しか知らんかったけど、その裏にトライアルコースがあったんや。鈴鹿に行けるなんて嬉しいやん、ドキドキするやん。

俺は改めて社長に、車中で「高校生に単車のトライアルのおもしろさを知ってほしい」と想いを伝えた。Ｆ１やＦ２、鈴木亜久里の話で盛り上がりながら行ってん。

そんな奴のためにやってるから

鈴鹿に着いたら、きれいなレストランに連れて行かれて、社長が店の人に「一番奥のテーブルに」っていわはって、二人で座った。

「そこはね、(アイルトン)セナが座る席なんですよ」

「え！　ほんまですか？」

「普段は使えないんです」

「え！　いいんですか⁉」

「どうぞ」

ほんだら最初にボーイみたいな人が来て、「何始まるんやろ」って思ってたら、水みたいなん持ってきて皿にスーッと入れだしてん。

「なんやこれ……」

そう思ってたら、オリーブオイルやっててん。今みたいにイタリアンが広まってない時代やし、俺には初めてのイタリアンやった。

さらにその皿に、長い棒みたいなんをシャカシャカシャカって振ってて、分からへんやん。それは塩やってんな（笑）。

次に、今から思ったらフォカッチャや。柔らかいパン。食べて「うま！」って思って２つぐらい食うたら、シャッと新しいの持って来はるから、４つも５つも食うてしもて（笑）。

ほんだらパスタ来て、もう腹いっぱいやん。

そろそろお腹限界やって、あかん思ってたら、肉が来て、俺「助けてください」って（笑）。

そんな風に楽しく食べさしてもらった後、車で裏のトライアルコースに連れて行ってもらった。

「ここのコース使ってください、オートバイも貸しますから」

「ほんまですか！」

そうやって事業が決まった。公募して、高校生を連れて行くことになってん。

でも、必ず反対意見はあるもんやな。あるＰＴＡ協議会から抗議文が来た。「『三ない運動』やってるから、やめてくれ」と。

そんな話から取材に来た記者に、俺は「なんでやめなあかんのですか。単車で公道走るんやなくて、コース内でトライアル教室をやるんです」って話したら、それが翌日の夕刊一面に載ってん。併せてＰＴＡ協議会や校長会の反対コメントも載ってた。

おかんがそれ見て「あんた、県庁クビになんのんちゃうか。やめたほうがええんちゃうか」って電話かけてきてんけど、「関係あらへん、やんねん！」って。もう今さらやめられへんって思ってたなぁ。

ついに当日になった。案の定、参加者は「鈴鹿行かせてくれや」っていう感じの、おもろい、ちょっとやんちゃな奴ばっかり来よんねん(笑)。

もともとそんな奴のためにやってるから。

そういう奴らの行動もだいたい予想つくしな。

朝は奈良市の高の原駅集合で、バスに20人ぐらい乗って、途中で三重県にある大内インターで休憩することになってん。

「お前ら、時間守らなかったら先にバス出すからな。遅れたら連れて行かへんからな、分かってんな」

そう釘を刺しておいてんけど、案の定、時間になっても帰って来よらへんねん。

バスの運ちゃんに「バス出して」っていうた。

「いや、まだ5人ほど帰って来てないですよ」

「かまへん、出して、時間やし」

プシューッてドア閉めて、出発したら、走って追いかけて来よんねん。「止めろ！」って偉そうにいいながら。

俺はバスの窓開けて、こういうた。

「どないしたん？」

「乗せてくれや、おっさん」

俺、「出して」っていうて（笑）、またバス少し走らせた。それ必死で追いかけて来よる。

「どないしてん」

「乗せてくれや」

「出して」

「止めて！　すいません」

「なんて？」

「すいません、申し訳ございません」

「乗れや」

こうやって手なずけていくわけやん（笑）。

トライアルコース、めっちゃ楽しんでくれたで。

学生たちの一次産業体験、奈良県縦断チャレンジ

ほかにもおもろい事業、いっぱい考えたよ。

ケイビングツアー（洞窟内を探検するアクティビティ）や、満月の夜に月明かりで山に登るムーンライトハイクとか。

特に印象深いんがムーンライトハイク。当日雨で月明かりがなくて、みんなヘッドランプ点けてびしょ濡れになって登ってん。大雨やし山頂にテント張れなくて、頭だけ山頂のあずまやの軒先に入れて、顔は濡れんようにしてシュラフずぶ濡れで寝るという、すごい思い出になってんけど（笑）。

あと、当時高校生の多くが一次産業を知らんすぎて、興味も持ってなかった。みんなサラリーマンを目指してどないすんの？　って思って。

田舎で高校生が一次産業を体験しながら暮らすプログラムを考えてん。「カントリーライフ体験事業」って名付けたけど、しょうもない名前やったなぁ(笑)。

公募で高校生集めて、林業、水産業、酪農、茶業をしているところに5人ずつ預かってもうて、1週間暮らしてもらった。めっちゃおもろかったで。みんな初めての体験やし、楽しいやん。最終日みんなでバーベキューしたなぁ。

最後は、高校生・大学生向けのチャレンジ系プロジェクトをやろうと思って「奈良県縦断チャレンジ」っていうのを考えてん。

奈良の北から南まで自力で縦断するプロジェクト。自分自身の限界をいくんがおもろいんちゃうかって。地図を見て「チャリンコと徒歩とイカダ使えば、縦断できるやん！」って発想したのが始まり。

参加者は15人。スタート前日に奈良の北端の『野外活動センター』に集合してもらった。

ここで参加者を二つのチームに分けて、チームビルディングのようなゲームをやってなんとなく仲良くなってきたところで、各チームに地図を渡した。その地図には1日目から4日目までの宿泊場所だけが記されてんねん。

「宿泊場所に行くまでのルートは自分らで考えや。１日目はチャリンコやで」

そう説明して、みんなであーやこーや話してもらう。

翌日の早朝、スタートや。

車で奈良と京都の府県境まで行って、京都側からスタートを切った。

「チャリンコに乗る前に、その辺の石ころ拾ってカバンに入れてや。ゴールまで持っていってもらうから、なくさんように」

１日目は、百名山の大台ヶ原の北側の麓、川上村入之波まで。チャリンコとはいえ、アップダウンの激しい約88キロの長丁場。

インストラクターは付けてるけど、道を教えたりせず参加者の最後尾を付いていくようにお願いしてあるねん。

せやから参加者は、道は間違うし、チーム内でバラバラになるし。「こんなんでゴールまで行けるんかなぁ」って思ったなぁ。

俺らスタッフは、トランシーバーと携帯電話で連絡を取り合ってたけど、山奥では通じないから、参加者のことは基本的にインストラクターに任せてた。俺らは、主に車から見守ってたな。

2日目は歩いて大台ヶ原まで登って、南側の麓の上北山村小橡まで下る。

この日のインストラクターは重装備や。非常食と水、参加者のビバーク（緊急時の野営のこと）用のシュラフカバー。そのために山岳部の大学生にインストラクターをやってもらってた。案の定、1チームは登り道で迷って夜遅くに大台ヶ原に到着する結果になって、予定の宿泊場所まで行けんから、この日は俺らスタッフが急遽二手に分かれて対応してん。

3日目は、またチャリンコ。下北山村経由で十津川《とつかわ》村東中まで。めっちゃ強烈な登り坂とグネグネ道や。

4日目は、チームでのチャレンジやなくて個人のチャレンジの日。ちょっとした滝を登りきる、沢登りの課題やねん。

最終日の5日目は、いよいよゴールまで。十津川村田戸までチャリンコで行って、瀞峡《どろきょう》っていう大峡谷の岸でみんなでイカダを組む。俺らスタッフが木とタイヤチューブと紐を置いておいて、参加者はみんなであーやこーやいいながらイカダのようなものをつくってゴールを目指す。

瀞峡は観光地やから、たまに観光客を乗せたジェット船が来るねん。そうすると、けっこう大きな波がイカダを直撃して、だいたいみんな川にはまる。ヘルメットを被ってライフジャケットも着けてるから大丈夫やねんけど、本人はパニックになるねん。俺らはカヌーからそれを眺めて楽しんでる（笑）。

そして十津川村竹筒の集会所でゴール！

「みんな、スタート地点の京都で拾った石、出して！　三重側に投げて！」

投げたら、ほんまのゴールや。

集会所で、みんなで遅くまで盛り上がった。あんなおもろい事業、なかったなぁ。自分の力とみんなの力でなんとかすることが大事なんや。

みんな、どないしてんねんやろ。おっさん、おばはんになってるやろなぁ。会いたいわ。

会議室管理ソフトとダイヤルインを導入

〈管財課〉

平成10（1998）年から配属されたんが、管財課。県庁の建物の管理、ビルメンテナンスをするとこやってん。

4月1日に異動してすぐせなあかんのが、前年度末締めの支払いの仕事。県庁は建物が4つあって、建物ごとにエレベーター、自動ドア、空調、消防設備とか、いろんなメンテナンス契約がある。

その支払い事務と同時進行で新年度の契約も4月1日付でするから、書類をつくらなあかんねん。初めて使う県庁の支払いシステムやから、俺、間違うてばっかりやった（笑）。

何度もやってたら、支払い先が同じなのに建物ごとに書類が分かれてることに気付いてん。

「この契約、まとめたらええやん」

「契約まとめたら金額大きなる」

「かまへんやん、まとめてしまお！」

契約まとめたら、打ち込む仕事が４分の１になる。

で、それで俺は暇になるやん。

ほんだら次は、この暇な職場で何できるかなって考え始めたな。


１ヶ月様子見てたら、ゴチャゴチャよう揉めてたんは、会議室の管理やった。

会議室の貸付台帳があって、いろんな課の若い子が電話してきて「いつ何階の何会議室が空いてるか」とか聞いて来よんねん。めんどくさいなぁって思って。

「こんなん、システムで解決したったらええやん。スケジュール管理ソフトってのがあったはずや」

本屋に行ったらソフトの解説本があって、これいけるんちゃうかって思って情報システム課の知り合いに聞いたら「そんなん簡単にできますよ」ってやり方を教えてくれた。

それで会議室管理システムをつくった。それでごっつ楽になるやん。電話かかって来えへんようになるし。


次に目をつけたんが、電話。

当時、県庁の電話窓口はすべて代表電話番号やってん。電話交換手さんがかかってきた電話を振り分けてはった。

部署ごとに電話番号付けられるんちゃうかなぁって思ってNTTに聞いてみた。

「各部署に番号振れます。ダイヤルインってありますよ。契約回線に複数の電話番号を追加できる付加サービスです」

「それおもろいやん！」

すぐに導入してん。当時、役所でダイヤルインを導入してるとこはなかったと思うなぁ。今でも導入してないところがあるくらいやから。

そしたら、内部からめっちゃクレームが来て、やり合ったなぁ。

「一方的なダイヤルイン導入や。電話が直接かかって来る！」

「はぁ？　かかって来たらええやん。名刺に代表番号書くな！　ダイヤルイン番号書け！」

でも、便利だといってもらえることも多かった。特に電話かける側にしたら、楽やと思うし。今は当たり前になったけどなぁ。

県庁のゴミ・電気代・水道代を減らしたる

この頃、県でＩＳＯ認証（ＩＳＯとは国際標準化機構で、組織運用の仕組みに対する国際的な規格認証）を取ることになって、ゴミを１割減らさなあかんってなってん。

その頃たまたま、どっかの飲み屋で『愛媛パルプ協同組合』の人と知り合うて。

その人が「トイレットペーパーをつくる材料が足らんねん」っていわはってん。

「材料ってなんですの?」

「古紙」

「古紙ってミスコピーとかをきちんとまとめてくくってるやつですよね? 紙を破ったら、古紙として回収できませんよね。県庁ではシュレッダー屑も、破った紙やメモも、燃えるゴミに出してますねん」

「それ、うちで引き取れるで」

「え! いけるんですか!」

それで県庁内で「ミックスペーパー」というゴミの新しい分類をつくって、破った紙ゴミを資源として週に一度回収して、引き取ってもらうようになってん。

ちなみに、回収したミックスペーパーでつくられる再生紙のトイレットペーパーを買って、県庁のトイレに入れて分かるようにしててん。当時はトレーサビリティ(追跡可能性)なんていう言葉、知らんかったけどなぁ(笑)。

そしたらゴミがなんと6割減になっててん。気持ちええやん。当初は1割減らしたらよかったんやけど、もう6割減。簡単やなぁって。

東京都庁が、うちのゴミの分別を視察に来はったで。そりゃ、都庁の紙ゴミはすごい量ちゃう？　ゴミちゃう、資源になるやん。

次にやったんは、電話加入権の処分。若い人は分からんと思うけど、昔は固定電話の権利を購入してたんや。しかも当時、８万円とかしてな。

平成９（１９９７）年に世界で最大規模の証券会社だった『山一證券』が経営破綻・自主廃業して、債権整理した際、電話加入権が価値を失って半額以下で処分されたって友達から聞いてん。

これはえらいこっちゃ、電話加入権が半額以下で処分されたってことは、近いうちにタダになるかもしれへんやん！

これは売らなあかんて思った。当時、どこもよう売ってへんと思うわ。

でも、うちは売ってん。２０００回線分ぐらいやったかなぁ？　入札で全部売ってしもた。奈良県名義の電話加入権を売っても、基本料金が月に５００円上がるだけで電話は使えるし、ＮＴＴの実回線より大容量の光ファイバーケーブルに回線のほとんどを変えたら、コストが相当下げられてん。

その後、案の定電話加入権はタダになった。売り抜けた感じ、痛快やったなぁ。

まだまだできることはある。今度は電気代を削減したい。

電気料金って、一年間で最も電気を使う日の1時間の最大使用量をもとに、基本料金を決めるねん。

せやから真夏の昼頃の電気使用量を下げたらええ。電気代の基本料金と従量料金の割合が1対1くらいやねんで。これ、知らん人多いんちゃうかな。

いろいろ調べたら、電気を一番使うのは24時間回してるファンだって分かった。

それで庁舎の地下駐車場のファンを止めてみよってなってん。管財課の電気系担当者は「二酸化炭素濃度が高くなって職員が死ぬ」って反対したけど、「死ぬ奴おったらファン回したらええやん」っていうて。

結局ファンにインバーター（省エネ効果をもたらす装置）を付けて使用量を下げてん。

ほかにももっと安くできへんか。地下駐車場と庁舎の階段の踊り場にある蛍光灯が2本セットで並んでるやつを１本にしようと思った。

でも、２本の器具で１本にしたら蛍光灯がチカチカすんねん。

そしたら、チカチカせえへん特殊な棒を開発した東大阪の業者さんが、たまたま営業に来はってん(笑)。今みたいにＬＥＤないときやからな。

「２００本ほど買いますわ」

「ええ!?　今そんなにありません」

「すぐつくって。買いますわ」

そうやって２本のやつを全部１本にしてん。これでまた電気代下がるやん。

ほかにも、人がいるときだけ電気が点くよう廊下やトイレにセンサー付けたりして、めっちゃおもろかったなぁ。

なんやかんやいろいろやって、年間１０００万円以上コストダウンできたと思うわ。

もちろんトイレもやったよ。俺、トイレ大好きやから(笑)。

県庁舎のリノベーションすることになったとき、計画では洋式トイレが一つもなかってん。

それを俺は、全部洋式にして、ウォシュレットも付けろっていうてんけど、県庁のリノベーション担当の職員らは、めっちゃ抵抗しとってん。和式でええねん、って。今どきなんやねん、家どうなっとんねんって揉めまくったなぁ(笑)。

結局、各フロアの男女トイレに一つずつウォシュレット付き洋式トイレが配置されることになったよ。

次に、水道代も下げたいって思って「音姫」付けてん。

当時県庁の男性職員たちは「音姫」なんて知らんやん。女性は知ってるけど、リノベーション担当の職員はみんな男やった。

「なんやそれ。そんなもん必要ない」

「ジャーッて、水が流れる音しまんねん。それで水を二度流ししませんねん」

「二度流しってなんや」

「女の子はみんな、おしっこの音を聞かれたくないから2回流しまんねん」

「ほんまか?」

「そば行って聞いてたら分かりますわ」

普通そんなん聞かれへんやん(笑)。

いったんテストとして分庁舎の５階、６階だけに設置してみることになってん。休みの日、出勤してトイレの前に「作業中。立ち入り禁止」の自作看板を立てて、俺一人で「音姫」を両面テープで貼って付けてさ。

作業終えて女子トイレから出たら、知ってる女性職員に会ってもうて「きゃー！　福野さん、何やってんの！」っていわれてビビったなぁ(笑)。

試運転を３ヶ月やってみたら、水道代が３割減や。えぐいな（ここでは、大きな効果があるの意）って思ったなぁ。結局、各庁舎の女子トイレ全部に「音姫」を付けてん。

もう楽しいてしゃあない。まぁやることいっぱいあって、ビルメンテナンスはめちゃめちゃおもろかったなぁ。

まず、仲良うならなあかん

〈平城遷都1300年記念事業準備事務局〉

次は平成14（2002）年4月1日付で、平城遷都1300年記念事業準備事務局に異動してん。

奈良市には平城宮跡がある。その部署は、710年の平城京遷都から平成22（2010）年で1300年を迎えることを記念してイベントを開催するセクション。県の大きな事業に関わるんは初めてやった。

メンバーは10人ぐらいやったかな、プロジェクトチームみたいな感じになってて。まず国土交通省から来てる担当次長がいてて、課長と主幹、参事がいて、そこに係長として俺が入ってん。

準備事務局入ってちょっとしたら、上司が「文化庁へ行こか」と。

「文化庁に何しに行くんですか」

「挨拶や。文化庁が平城宮跡で工事やってるやつ（大極殿という朝廷の正殿の復元工事）、平成22年にできなあかんし」

「ああそうですか」

そんな会話をしてついて行ってん。

文化庁は、東京の文部科学省の中にある。担当課の入り口のとこの戸開けて、上司が名刺渡して「奈良県の」って小さい声でいうねん。

名刺渡された若い職員さんが「ちょっと待ってください」といって上席のとこ行って、こっち向いて座ってる偉いさんの席にいる奴に何かしゃべって、戻って来た。

「今日は忙しいんで、お会いできないといってます」

「分かりました。またおうかがいします」

上司はそう返したけど、「はぁ？」って思うやん。すぐそこにいてて姿も見えてるねん。

今日それだけのために奈良から朝早い電車と新幹線を乗り継いで来てんのに。

入り口で「名刺渡しといてください」って若い職員さんにいうてから、俺は大声でこう叫んでん。

「奈良県の福野といいます！」

相手、こっちをバッと見るやん。

「この4月から準備事務局に入りました。また来ますさかい、よろしゅうお願いします！」

ほな上司が「お前何すんねん？」って焦ってはる。

『何すんねん』て、わざわざこのためだけに東京まで来て帰られへんやん。挨拶だけしとこって思いましてん」

そのとき、文科省に奈良のサッカーチームで一緒にやってた後輩Yがおるわって思い出して、すぐ携帯で電話した。

「Y、どこにおんねん」

「文科省の人事課です」

「人事課やったら、俺今、文化庁の記念物課いうとこ行ってんけど、対応悪いやんけ。ムカつくわ。係長も補佐も出てけーへん。忙しいとかいいよんねん。呼んでくれや！」

「記念物課、分かりました」

なんとYの後輩が係長やってん。すぐ呼んでくれてん。

係長にいうたよ。

「お前なめてんのか。奈良からわざわざ来てんのになんの話やねん。気分悪いわ」

「いや、すいません」

「すいませんちゃうやろ。挨拶ぐらいせえや、すぐ終わるやんけ。名刺も渡してんねんから、知らん顔して忙しいって、なんも忙しないやんけ」

「いや実はですね……」

ここで初めて、向こうの内情聞いたわけやん。聞いたら記念物課は、国宝や重要文化財の指定とか管理をやってると。

その中で彫刻に関していうたら、奈良は全国の国宝の約７割を持ってる。それにもかかわらず、ずっと奈良県は非協力的やと。だからみんな、そういう風に思い込んでると。要は、文化庁と奈良県が仲悪かってんなぁ。

「そんな知らんかったわ」

「各都道府県は『研修生』という職員を派遣してくれています」

給料は都道府県が負担して、職員が派遣されていると。

「そうか。ほな、うちも送らせてもらうわ。また来るわ」

そういうて帰って、2週間ほどしてまた行った。

仲悪い状況で、平成22年を迎えられるはずないやん。仲良うならなあかん。

記念物課の係長を「まず飲みに行こう」って誘って、話を聞いたら、もっといろいろ見えてきて。やはり「人を送ってほしい」と。

「研修生、送りますわ、約束する」

「本当に派遣してくれるんですか」

「送るやん、ほんまに受けてや」

係長といい関係になって、送る話がまとまってん。

帰って県の人事担当に聞いた。

「ないことはないです。国交省には人を派遣してますよ」

「ほないけるやん」

翌週、準備事務局の全員ミーティングで「文化庁の記念物課に職員を派遣しようと思ってます。向こうは欲しいっていうてる」と話したら、上司たちが「そんなことできるわけない」って。

「関係性もないのに、急にそんな送れるわけない」

「もう話して来てんねん。話ついてますねん。県の人事担当にもでけへんことないって聞いてる」

「そんなん、いつ話してん、俺聞いてない」

「いうてへん」

「いや、そんなこと絶対ありえへん、そんなはずない」

その場で文化庁の課長に電話して「課長すんまへん、うちの上司がほんまか確認してくれっていうから、課長からいうたってくれませんか」って頼んで直接話してもらって、「間違いないです」「分かりました」ってなった。

「お前そんなんいつ話してん」

「こないだから2回も東京行かしてくれてますやん。そのとき話して来てますねん」

そうやって送ることになってん。最初に送られた子は、大変やったと思うよ。仲悪い状況やしなぁ。

でも、文化庁に研修生を送ったことが、次の展開を生んだんや。

前例のない、文化庁の工事公開事業を始める

平城宮跡の大極殿の本格的な復元工事が始まってん。

文化庁や奈良国立文化財研究所の人たちと仲良くなって、その工事をたまに見せてもらっ

たら、それが歴史をリアルに感じられてすごくおもしろくて。

それで思ってん。一般の人にも工事現場を見せたいって。

「見せたってほしい」

「文化庁は工事現場の公開なんかやったことない」

開発調整課にいたときに、国交省が大滝ダムの工事現場公開で『大滝ダム・学べる建設ステーション（当時名称）』をつくったのを引き合いにした。

「国交省がやってるねんからできるやん」

「文化庁はそんなことはやったことがありません」

「やろうや」

「見学者が来ても、みんなに説明できませんから」

「俺、覚えるわ！　俺と何人かで覚えて、マイク持って見学者に説明するやん。それでやらしてほしい」

やることになって、人数限定で申し込みを受け付けたら希望者が殺到して、抽選してから開催してん。

説明を覚えるの、めちゃめちゃおもろかった。大極殿の復元の話に、ちょっとハマったよ。木造建築とか復元の技術ってめちゃかっこいいなぁって思ったなぁ。「これは400年生の紀伊半島産の檜で」とか、伝統瓦の話とかして、大工仕事の実演も見てもらうねん。みんな喜ぶやん。復元の業者さんとも、それまで口もきかへんかったけど、仲良うなっていった。

好評で「来年はもっと時間とって、順路にしよ。上の台まで階段であげよう。今度は各所で説明のテープつくろう」とか盛り上がって。文化庁もやる気になってくれた。

2年目の公開では1日約6000人、めっちゃようけ来てくれたなぁ。

新聞にガンガン載るし、いろんな取材もバンバン受けるし。そらもう最寄りの大和西大寺駅から行列になって、自治会とか近所の人からクレーム来るねん。警察も来る、「どないなってんねん」と。

自治会に謝りに行ったりしたけど、「文句出るようになったらほんもんや」って思ったな。だいたいトラブルになったときは、ええ話やもんな。奈良公園でゴミ箱撤去したときも、青少年課でトライアルの事業やったときも、新聞で批判されたもんなぁ〜。

最初は国の事業を手伝ってた形やったのに、最終的には、公開事業を文化庁から受注する話にまでなってん。

それが文化庁の工事現場公開の始まりちゃうかなぁ。今は当たり前みたいに工事見せてくれるやん。あれの最初は大極殿やったんちゃうかな。

人を育てる「奈良2010年塾」

平城遷都1300年記念事業で、一番おもろかったんは、現場のプレイヤーを育てる「奈良2010年塾」かな。これを事務局に入って2年目に立ち上げてん。

きっかけは、平城遷都１３００年記念事業の市民参加プロデューサーで、演劇や映画のプロデューサーとしても活動していた林信夫さんが、こういわはったこと。

「こういうこと（平城遷都１３００年記念事業）をやっても、後に残るもんは何もない。奈良の場合は大極殿が残るけど、人が残らない。人を育てないとあかん」

それで１３００年を迎える２０１０年までに人を育てる「奈良２０１０年塾」をやろういう話になってん。

対象は、平城遷都１３００年祭に「文化制作ボランティア」として主体的に参画する意思を持ち、技術、能力を身につけようとする人。

林さんに教えてもらったんは、スコットランドの首都・エジンバラで「エディンバラ国際フェスティバル」っていう大きなイベントがあんねんけど、そのメインのイベントでなく、プロ・アマ問わず、いろんなパフォーマーが周りで勝手にやるというちっちゃいイベント「エディンバラ・フェスティバル・フリンジ」。

そういうフリンジ（周辺にあるものの意）イベントをつくれる人、自分で企画してお金のことも含めてイベントを完結できる人たちを育てようっていうことになってん。

「奈良2010年塾」の塾頭は、奈良県出身の映画監督・河瀬直美さんになった。平成19（2007）年に作品『殯の森』がカンヌ国際映画祭でグランプリを受賞するけど、この頃はその前やった。

「奈良2010年塾」っていう文字は書家の紫舟さんに書いてもらってん。ちなみに、後にNHKの大河ドラマ「龍馬伝」の題字で有名になった人や。

最初にカリキュラムつくるんやけど、何やってええか分かれへんやん。林さんに相談して、いろんな授業の科目決めて、時間割をつくったよ。半年間、日曜に1日4コマずつ。

「小さなイベントを併発的にいっぱいやろう、それができるプレイヤーを育てよう」

そういう話になった。例えば、イベントをつくるテクニカルな授業や、イベント運営に必要な救急救護法とか。

しょうもないけどおもろかったんは、マーキーテントの建て方、ばらし方。マーキーって、運動会で使うパイプテント。俺、青少年課時代にあれ建てんのめっちゃうまかったから、みんなに教えてん。イベントって、あれ絶対建てなあかんやん。

特におもろかったんは、「奈良２０１０年塾」として東京で情報発信イベントをしたこと。今はネットもＳＮＳもあって地方でのイベントも多いけど、その頃は「東京でやらなあかん」と思っててん。

当時、代官山に東京で働く県職員の寮や県職員が出張したときに泊まれる施設があった。当時の知事に「ここでイベントやりたい」って説明したんやけど、「そういうことはいいホテルの会場でやるもの。そんなところでやってどうするんだ」っていわれてん。

寮は古い感じやけど、食堂と庭があってめちゃめちゃええ感じで、俺はそこでガーデンパーティーをやりたかった。

情報を発信できそうな人、奈良のいろんな繋がりの人、直美ちゃんも紫舟ちゃんもいるし、お客さんはきっと集められる。施設の人と話したら場所はただで貸すっていうてくれてるし、２００人ぐらいでやりたいなぁと思ってて。

料理は、奈良で和食やってる友達に「お金ないけど２００人前、やってくれへん。東京連れてったるから」って頼んだ。

でも、食材買うお金ないやん。全くない。ちょうど春やったから、ハチク（竹の子の一種で比較的アクが少ない）を、２００人前やから２００本掘りに行って、それをメインの食材にした。炊き込みご飯にもハチクを使って、合計５００、６００本は掘ったと思うわ。もうヘトヘトやで（笑）。コシアブラやセリとか山菜もいっぱい採って、天ぷらとサラダにしようと。で、彩りとして、赤いもんいると。県内の某所に行って、サワガニを３００匹ぐらい獲ったで。

器を買うお金もない。生駒市の高山に、竹の細工やってるツレ（友人の意）おるから、道具貸してくれっていうて、竹切ってそれで器いっぱいつくってん。

カビが生えないよう冷凍して、クーラーボックスや発泡スチロールに入れて、保冷剤もかき集めて、キャラバンに積んで、一晩走って。なんとか代官山に運んで、イベントやってん。直美ちゃんや紫舟ちゃんはもちろん、当時の首相官邸参事官や、児童文学作家で当時文化庁長官だった河合隼雄さん、ゲージツ家のクマさんこと篠原勝之さん、オカリナ奏者の宗次郎さん、マスコミ関係者など、約２００人集まってくれた。

テレビの取材が入って、大盛況やったなぁ。

嬉しかったんは、後に河合さんが県の広報誌に出て、このイベントのことを「発想がすばらしい」と褒めてくれはったこと。

そしたら「そんなところでやってどうするんだ」といってた知事が、そこを情報発信拠点に改修してん。笑てもうたわ。

こんなおもろい仕事ないやん。俺は当時課長補佐級で、事務局は協会になって規模が拡大されることに決まった。「さぁ、これからや!」って思って「今度の4月の人事異動で人が増えるんや。どんどん大きなっていくねん。みんな異動希望とか出すなよ!」なんていうてたら。

仕事で十津川村に行ってるときに電話かかって来て、「福野くん、異動やで」って。

「ええ? ほんまかいな。ここまでやって! なんでなん!」って思った(笑)。

でもここからが、俺の自治体職員人生の後半の、おもろい仕事になってくんやな。

第2章

奥大和をつくる

奈良にはなかった、農家民宿を立ち上げたい

〈滞在戦略室〉

第1章で紹介した6つの部署での27年間は、今振り返ってみたら「点」で動いてたな。異動したら部署ごとに全力出して、それぞれの経験を積んでいった感じやねん。でも、ここからは「点」と「点」が繋がりやすくなってってん。経験やネットワークを活かして「線」や「面」で動けるようになっていったなぁ。

平成18（2006）年から配属された滞在戦略室は、ホテル誘致とか県内の宿泊室の数を伸ばすことを目的とするところで、最初は「ホテルを誘致したい」と思っててん。前に開発の仕事してたから、建築系のコンサルに電話したらいろいろ情報を持ってきてく

れたけど、全然おもんない。なんかおもろいことないかなって思ってた。

おもんないなって思った理由は、奈良にいっぱい高いビル建ったら嫌やなぁって。

その頃、京都がそうなりつつあってん。京都駅の近くに外資系のホテルが建ち並んで、京都駅の新幹線のホームから京都のまち並みが見えへんようになってきて「奈良も、こんなんなったらかなわんなぁ～(参るなの意)」って。

外資系のホテルを悪くいいたいわけやないけど、「ホテル事業者が海外か東京から来て、奈良が良うなるんかなぁ？」って考えてた。

俺はサーフィンをしに、当時よう九州に行っててさ。たまたま大分の佐伯で飲んでたら、今の宇佐市安心院町《あじむ》で農家民宿っていう宿をやってて、それがおもろいって聞いてたん。すぐ泊まりに行ったら、これが「ええな～！」って。

普通の家に泊まって、普通の家のご飯を一緒に食べながらそこのおばちゃんと話をするねんけど、お互いの地域のこと、プライベートのことも話すから、なんか親戚のおばちゃんの家に来てる感じやねん。

「これめっちゃええなぁ。奈良の十津川村とかで、でけへんかな」

気に入ってもうて、そう思って帰った。

十津川村は、県の最南端にあって「日本一大きな村」といわれているところ。村の人らは、決して行政に頼ることのない自主自立・助け合いの精神で昔ながらのすごい良い暮らしをやってんねん。青少年課のときによう行ってたから地理感あるし、大好きな村の一つ。今でもちょくちょく通ってるよ。

農家民宿はここがぴったりやって思った。形式ばった宿やなくって、こういう暮らしや人を伝えられる宿がいいなぁって。田舎の集落でも宿ができるとこも、おもろいやんか。

それで「かんのがわハッピーブリッジプロジェクト」をやることになるねん。かんのがわは、十津川村の神納川っていう地区のこと。

そもそもなんでそこに行ったかっていうと、あるとき十津川村役場に寄ったら、役場の観光課長が村長から「神納川行ってくれたんか？」って聞かれて、課長がまだ行ってなくて村長に怒られててん。

ちょっと空気悪い感じになったんで、つい「俺、帰り寄りますわ！」っていって向かったよ（笑）。

見に行ったら地域の人から「歩く人がいっぱい来て、困ってんねん」って聞いてん。どういうことかというと、村内に世界遺産に登録された「熊野参詣道」の一つ、「小辺路《こへち》」っていう古道が通ってて、そこを歩きに来る人が多いと。

でも、歩いて来た人は小辺路沿いに店や宿が全くないから、困ってるという話やった。地域の人たちがせめて飲み物が買えるようにと、自動販売機を置いてみたら、めっちゃ売れると。

それで俺は九州で見て来た農家民宿の話して、「やりましょう！」ってお願いしてん。

反対する村人に「この川と星を見せたいねん!」

〈ならの魅力創造課〉

村の人に集まってもらって、このプロジェクトを始める説明会を開いた。

「九州で農家民宿っていう宿を地域ぐるみでやっているところがあって、みんなすごく元気で、めちゃめちゃええ感じでしてん。奈良でやるなら、ここが一番ええと思ってますねん」

そう熱弁してんけど、それまで会ったことなかった40、50代の元気なおっちゃんらが反対し始めた。

「これで儲けて、なんか(お金を)抜こう思ってんのか」

「そうや、ほっといてくれ、俺らなんも困ってないねん。金なんていらんねん」

「いや、違いますやん。おばちゃん、おっちゃんらにやってほしいですねん」

地域の人らが元気になるはずや。そう思って提案したのに、揉め始めてしもて。俺が親しくなった、地元のおばちゃんらも涙流して泣いてる。それ見て「嫌やな、悪いな……。もうあかんなぁ」って思うやん。

ほんなら、知ってるおっちゃんがまとめにかかってん。

「福野さん、そういうてもうてありがたいけど、うち（神納川地区）は温泉もなんもないから。もうええやん」

俺を引かそうと思ってんやろな。でも俺は、その「なんもない」っていう言葉にめっちゃ引っかかってん。

「おっちゃんとこ、川あるやん」

「お前んとこ、川ないんか」

「いや、川はあるけど手も足もつけられへんで」

「なんでや」

「つけたらバイ菌入るやん」

「なんでや」

「川の水、汚いねん。奈良市内の川なんてそう簡単に手や足つけられんで。ここやったら飲めるやろ?」

「飲めるよ」

「『飲めるよ』って、そんな川ないで」

「それしかない、川しかない」

「星もきれいやん」

「お前んとこ、星ないんか」

「俺んとこ星あんで、あるけどポツポツって、星座が分かるぐらいはあるねん。ここの星、星座分かれへんねん。ありすぎんねん、こんなん見たことない。外出て見てみ。ここって、ザーッて星あるやんか。こんなん、ほかにない。これ見せたいねん。そやから、迷惑かけへんから、試しに一回だけ子どもたち受け入れてみてくれへん?」

そうお願いしたら、なんとか一回だけ受け入れてくれることになってん。

その頃、農林水産省の「子ども農山漁村交流プロジェクト」っていう補助金を取りにいっててん。誰も手あげてないから取れると思ってた。

それを取って、まず子どもたちを受け入れてもらって、そっから徐々に変えていくつもりやってん。

実際にその通りになっていったよ。県庁内部で企画を通すときには「奈良に泊まれる部屋数を増やしたらいいんでしょ」って知事にいうたん覚えてる。

その補助金と別にコンペ式で、国交省の補助金も取ったから、みんなびっくりしたと思うわ。ほとんどの人が知らない田舎の集落に２０００万円ぐらいの補助金取って、プロモーションをがっつりやったから。

そうやって平成21（２００９）年、神納川地区だけで10軒ぐらいの農家民宿が始まった。そのほかに、元村営住宅を改修して自炊設備や布団、洗濯機を備えて移住体験できる『Villaかんのがわ』もつくってん。

ちなみに滞在戦略室はこの年から、ならの魅力創造課と吸収合併して、俺も異動という形になってん。ならの魅力創造課は、要は「観光課」やねん。

プロジェクトを始めたら、国内外から人がめっちゃ来だして「ほんまに来るんや」って思ったなぁ。

農家民宿で地域の人がちょっと稼げるようになるし、おばちゃんおっちゃんらがすごい生き生きしてきて、泊まってくれた人たちが「いいところですねぇ」とか「おいしい」とかすごく褒めてくれるねん。思ってた以上にええ感じになっていったなぁ。

神納川地区内の小さな字《あざ》どうしは、もともとそんなに交流がなかってんけど、このプロジェクトで仲良くなって、みんなで助け合う感じになっていったよ。

1年目が約500人泊、2年目が約1000人泊、3年目が8月31日までで約1000人泊やってん。

「この調子でいったら今年は2000人泊いくな、すごいなぁ、えらいことなるな」

そう思ってたら、9月に紀伊半島大水害（平成23年台風第12号）が起きてんな。

神納川地区はこの大水害で、なんと2ヶ月も孤立してん。

俺はみんなのことが心配で、孤立して4日目に歩いて神納川地区に入ってんけど、あの説明会のときに反対してた人らが、こういってくれてん。

「農家民宿をやってくれたおかげで、今、神納川のみんながまとまって助け合うことができてるねん。ありがとう」

みんなが助け合って、揉めごともなく楽しく過ごしたって聞いた。そうやって２ヶ月を乗り切ってんな。

今でも、神納川地区の『政所』と『山本』いう農家民宿は営業を続けてくれてる。『Villaかんのがわ』もやってるよ。

ボロボロの古い家を、次々に改修して変身させる

農家民宿を始めた翌年、平成22（２０１０）年。五條市の、国の重要伝統的建造物群保存地

区に選定された五條新町に、築250年の町家を改修した和食レストラン『五條 源兵衛』をオープンさせてん。

五條市では『五條 源兵衛』のほかに、古民家を改修して、店を出したい人が一時的に出店することができるチャレンジレストラン『大野屋』と、宿泊施設『旅宿 やなせ屋』もつくったよ。

どの物件も、もとはボロボロの家やったけど、たまたま京都の古民家を再生した宿を運営する会社の社長と知り合って「奈良でもこんな宿やりたいなぁ」って思ってたから『五條源兵衛』と『旅宿やなせ屋』はその会社と一緒にやってたん。

当時その会社にいてたのが、アメリカ出身の東洋文化研究家、アレックス・カーさん。彼とも知り合いになって、平成24（2012）年、今度は十津川村で、築100余年の元教員住宅をリノベーションして宿泊施設『大森の郷』をつくることを企画して、アレックスさんにプロデュースをお願いしてん。

この物件もボロボロやったけど、俺はこの物件の建ってる武蔵という地区とそこにある廃校が気に入ってて、ずっと狙ってた。

「これや。ここで宿やったら、絶対ええ！」

ずっとそう思っててんけど、良さに誰も気付いてへんかった。

アレックスさんに一緒に見ようやって連れて行ったら「やりたい」っていうてくれたから、そもそも村の物件やし、村長に「改修して宿にしましょう」って直談判してん。

アレックスさんと仕事して、勉強になったよ。日本人には見えてない、日本の美しい部分を彼が教えてくれた。

あの頃、空き家の改修、けっこうやったなぁ。そんときのキャッチコピーは「暮らすように旅する」。普通の暮らしを旅してもらおうって、農家民宿とおんなじ話やねんな。

『五條 源兵衛』の改修中、その会社が当時『コンラッド東京』の和食の料理人だったSさんを連れて来てくれてん。そしたらSさんが店のキッチンを見て「狭すぎる！　こんなキッチンで料理つくれないよ！」って。

当初は席数80ぐらいを考えてたんやけど「何人でやるの？　店回せんのか」ってSさんから怒られて、「そらせやなぁ、確かに回されへんわ！」ってなって。

それでキッチンを1・5倍ぐらいに広げて席数を半分に減らしてん。さすがやなって思った。つくった後が大事やっていうこと、勉強になったなぁ。

ほんま失礼な話やけど、奈良公園のトイレのとき、あんだけメンテナンスが大事やってトイレ広くしたり、やいやいうて男女比変えたりしてんのに、もう忘れてたんや。「こんなもんでええんちゃう、かっこよかったらええ」みたいになってて、めっちゃ反省した。「あかん、忘れてる。公園のトイレ、思い出さなあかんわ！」って思ってん。それは、すごい良かったな。

オープンから10年くらい経ったけど、どこも営業続けてくれてる。『五條源兵衛』は、『ミシュランガイド奈良 2017』で1つ星を獲得した。『大森の郷』は地元の人が運営してくれてる。そうやって地域に馴染んでいってるんが、嬉しいなぁ。

「奥大和」という言葉をつくる

〈南部振興課〉

所属がならの魅力創造課になってから、飲食店や宿泊施設とか観光の仕事をやるようになっていってた。

でも俺が「やるべきなのは観光だけやない」といい出して、やいやいいうてたら、平成24（２０１２）年に南部振興課をつくってくれて、そこに配属させてもらった。ならの魅力創造課からこの課への流れのなかで、俺は奈良南部・東部の振興の仕事をするようになっていくねん。

第１章で紹介した時期とは違って、第２章の自治体職員人生の後半は、自分の動きと、所属するセクションが器としてあったからこそ「線」や「面」になりやすかったんやと思う。

もともと県の施策では、観光といえば県の最北部にある奈良市。南部・東部は県の面積の約8割を占めていて、豊かな自然があり、それと共生している集落が点在している。でもそこの観光振興は誰もやってない。「めっちゃチャンスやん！」って思ったな。

何より知事や上司にごちゃごちゃ構われるの嫌やし、誰もやってないエリアがよかってんなぁ。

もちろん「南部・東部はめっちゃええとこやな」って思ってたし。

そこに暮らす人たちがかっこよすぎるねん。自分のことは自分でやるっていう力が高いし、助け合いの精神や思いやりのある、謙虚な人が多い。

美しい仏像や建築が特徴の寺社が多いところも、ええなぁって。みんなが寺社を大事にしていて、例えば祈りとか行事とか、宗教観が暮らしに自然に入り込んでるエリアやねん。

いろんな古民家の改修して、宿つくったりして拠点づくりをやってたし、南部・東部でもっといろいろやりたいなぁと思って。

それで平成23（2011）年頃、南部・東部の19市町村をまとめて指す、いい名称ないかなって考えて「奥大和」になってん。

南部の観光プロモーションや「かんのがわハッピーブリッジプロジェクト」をずっと一緒にやってくれていたR社の若い女性スタッフ数人と、やいやいブレストして『奥』付けたらかっこええ」「プロバンスやん！」とかいうて、「奥大和」が誕生したんやなぁ。

それまではそんな言葉、なかったよ。南部や東部にもええとこがいっぱいあんのに、奈良の観光といえばほとんど奈良市しか知られてない。もっとちゃんと伝えていきたいって思ってん。

今振り返ってみれば、地域のブランディングやなぁ。ここから退官までの10年以上、俺は「奥大和」一筋でやっていくことになる。

まさかの、紀伊半島大水害

「よし、これでいろんなことを奥大和でやっていったろ！」

そう思ってたら、その年に、先述した紀伊半島大水害が起きたわけやん。

まさかやった。「ええ?・」って思ったなぁ。

3日間にわたって南部が暴風雨に巻き込まれた。それまでの記録を大幅に更新する雨量で、深層崩壊といわれる大規模な土砂崩れが起きて、犠牲者もたくさん出てしもた。

とにかく急いで復旧せなあかん。

中でも、農家民宿で付き合いが深かった十津川村が、一番ひどかった。

土砂崩れで村へ続く唯一の国道が閉ざされて、完全に孤立してしもてん。

村役場に勤めてる友達に人工衛星を使った防災用の電話で聞いても、大きい村で状況が把握しきれない。

「なんか必要なもん、ないか。持って行ったる！」

もう行くしかないやん。国道が通行止めっていうても、県が管理してる道やしなんとかなるって、トラックにいろいろ積んで走り出した。

トラックで国道を奥へ奥へと進んでいくと、これまでに見たことがない景色が広がってた。山の頂上あたりからバッサリ切り取ったような土砂崩れがあちこちにあってん。

十津川村に入る手前の五條市大塔地区まで来たら、消防車やパトカー、関西電力の緊急自動車がズラーッて並んでんねん。並んでる車をスーッと抜かして行ったら、並んでる車の先頭に県の土木事務所の若い職員が誘導棒を持って立ってた。

「行かしてくれへん？」

「ご苦労様です。十津川に行くんですか？　まだ自衛隊の方しか通してませんが、分かりました、安全を確認しますので少しお待ちください」

たぶん若い職員は俺のことを知ってて「通す」っていうてくれてん。

その通行止めのところは仮設の道が付いてんねんけど、まだ上から石が落ちてくる状態やと。それを、こちら側と向こう側で石を見てるから、「今！」っていうタイミングで走り抜けてくれって。ここは命がけやったなぁ。

そうやって通行止め区間を通してもらって、役場に着いたら夜やった。役場のみんなはテキパキ仕事をしていて頼もしい感じがしたなぁ。

村が孤立して3日目の夜。気になるのは神納川地区のことやった。役場のみんなに「神納川、どないなってんの?」って聞いても、電話が繋がらなくて分からないっていうねん。

みんな、無事なんやろうか……。それで翌朝、神納川地区へ行ってみた。

神納川地区の手前の谷がえぐり取られていて、車では行けない状態やった。

でも、丸太の橋が渡してあって、それをつたって行けば行けそうやと分かってん。間違って落ちたら死ぬ高さやで?

それでも、行くしかないって思った。食糧を詰めた荷物を背負って、丸太の橋をなんとかつたって、やっと神納川地区に入ってん。

「みんな!　来たで!」

「福ちゃん!　福ちゃんとこは、大丈夫やったか!?」

普通いえる……?　神納川地区の人は、こんな孤立した状況で、まず俺の心配すんねん。

その次に、村のことやった。

「役場は大丈夫か？　村長は？　神納川は大丈夫やっていうといてくれ」

ほんま、涙出たわ。あのとき、命がけで行ってほんまに良かった。

十津川村がもっと大好きになった。


県庁に災害対策本部が設置されていろんな対策をしていくねんけど、村内の復旧で取り残されてたんが、十津川温泉の送水管やった。

十津川温泉は、全国で初めて「源泉かけ流し」の宣言をした温泉地で、県内でも泉質が特にええねん。観光客にも人気で、何より村人の生きる糧やから、急いで直さなあかんって思った。

災害って、９割ぐらい国が負担してくれる災害復旧の補助金があんねん。ただ、温泉は生活で必要なもんじゃないってなってて、その補助金は使えへんかった。

これは県に応援してもらわなあかん。でも、俺が「直したい」といっても「どこにそんなルールがあんねん」ってなる。

「どっかでやった事例、過去にないのか」

「ないねん。せやから、応援する補助金をつくんねん！」

みんなにしたら「また始まった」やん(笑)。

でも、当時の副知事が応援してくれて、温泉の復旧っていう新しい補助金制度をつくることができてん。その補助金を使って、県と村と温泉組合でそれぞれお金を負担する形で温泉の復旧をすることになった。こんなこと、たぶん当時どこもやってなかったと思うよ。

村の木で家具をつくった「十津川家具プロジェクト」

吉野山にある金峯山寺《きんぷせんじ》の山伏修行で仲良くなった、東京在住の整体師・伊藤裕徳《ひろのり》さんが、

「十津川村に友達連れてくわ」って連れて来てくれて知り合ったんが、家具デザイナーの故・岩倉榮利《えいり》さんやった。

はじめは誰か知らんかってんけど、一人えらいかっこええ人来たなぁと思ってたら、それが岩倉さんやってん。

帰り際に「何か一緒にやろうか」っていうてくれはって、十津川村の基幹産業は林業やから、それを活性化するプロジェクトを考えた。

それが「十津川家具プロジェクト」。岩倉さんの指導のもと、ベンチや椅子、いろりテーブルなどを商品化して、販売してん。

めっちゃかっこいいデザインで、東京で展示会やったり、上海や名古屋で販売したよ。県内の企業も買ってくれはった。

岩倉さんからはいろんなことを教えてもらったな。家具、特に椅子の勉強にって、飛騨高山の会社を何社か紹介してもらって、話を聞きに行ったり。

そのとき、高山の家具の材料は当たり前のようにアメリカからの輸入材やって、こんなに木が生えてんのに、日本の木、奈良の木で家具つくれたらええなぁって思ってん。

だから「十津川家具プロジェクト」では、十津川村の木で家具をつくった。家具職人がいなかったから、工務店の息子さんが頑張ってつくってくれたなぁ。

ほんまに試行錯誤の連続やったなぁ。岩倉さんが何回も十津川村に来てくれて、地元のメンバーが頑張って、いい商品が生まれていった。今も岩倉さんが創立したブランド「ROCKSTONE」の中で、「TOTSUKAWA LIVING」として継続して販売してくれてるよ。

高校に、新しい学びの場をつくる

十津川村に、南部唯一の県立高校である奈良県立十津川高校があるねん。

この高校は、十津川郷士っていう、奈良時代前から壬申の乱に出兵とかして天皇を警護してきた人たちが始めた。幕末に京都で御所の警衛に従ったときなどに文武修業の必要性を痛感して、学校「文武館」を開いたのが始まりで、日本一古い高校といわれてる。

そこに、林業というよりも、家具とか暮らしのことを考えるような学科をつくりたくて、新たに木工芸・美術コースをつくってん。今でもあるで。

岩倉さんと東海大学教授（当時）の杉本洋文さんに特別講師になってもらった。岩倉さんは家具界のレジェンドやし、杉本さんは木造建築のレジェンド。そんな高校、ほかにないで。ただ、３年間で普通科の卒業単位を取った上で受けるカリキュラムやったから、卒業単位を取るための授業数が必要になって、あんまり木工芸・美術コースの実習の授業数が取れへんかってん。専門科にしたら良かってんな、と思ったな。

そういう反省があった頃、五條市長から「南奈良総合医療センターの設立を機に、県立五條病院の規模が縮小されて看護学校がなくなることになって、学生寮が空くから、ここをなんとか活用できないか」っていう相談があってん。

同時期に、五條市教育委員会の教育長から、奈良県立五條高校賀名生《あのう》分校の学生が少ないらしく「分校はなくしていく方向性になっているが、存続の意義について悩んでいる」と相談を受けた。

さらに同時期に、五條市で農業のほか、野菜レストラン運営や加工品の販売を展開している『農悠舎 王隠堂』からも「市内の西吉野地域は柿の産地で、五條市は日本一の生産量がある。売り上げも相当あるけど、若手の担い手が減っている」と相談されてん。

この3つの相談が別々に同時期にきて、「ほんだら、農業専門校をつくったらどうなんのやろ」って考えたわけやねん。

そんなことを考えていたとき、当時知り合っていた雑誌『ソトコト』の編集部を訪ねる機会があって、編集長・指出一正さんに「教育に興味ありますねん」って話したら、「ちょうどこの後ここに来る人がいて紹介したい」といわれて出会ったんが、岩本悠くんやった。

彼は平成19（2007）年から日本海の離島・海士町《あまちょう》で隠岐島前高校を中心とする人づくりとまちづくりに従事していた。離島に生徒が集まっている話を聞いて「そやろ！　やっぱりいける」と確信してん。

それで奈良県立五條高校賀名生分校につくったんが、農業専科コース（令和3（2021）年4月、独立して五條市立西吉野農業高校に移行）。

もともと昭和25（1950）年に地元の農業後継者の育成や高校教育の機会を保障するために設置された高校やったし、柿づくりの農繁期は学校が休みで、昼間の4年定時制やってん。専科コースにして、3年で卒業単位取れば、丸一年余裕があるから現場でたっぷり実習を学べるんちゃうかって。地元の農家が講師になるよう話を取り付けて、地元の支援のもとで農業生産技術を学べるようにしてん。

もちろん学生寮を付けて、県外の学生を受け入れた。学生寮の活用、賀名生分校の活性化、若手の担い手を育てるっていう3つの目的があったから。

ある程度のポジションになって、たまたま同時期に3つの相談を受けたからこそ、この企画も実現したんやと思う。

1年目には県内外から15人くらい入って、毎年それくらい入るようになった。

弘法大師が歩いた道を走るイベント「Kobo Trail」

〈南部東部振興課〉


どうしたら、奥大和をもっと知ってもらえるんやろ？

奥大和でしかできないイベントって、なんなんやろ？

この頃、いつもそう考えててん。

それで平成26（2014）年から正式にスタートしたのが、弘法大師の道を走るトレイルランニング大会「Kobo Trail（コウボウトレイル）」。ちなみにこの年に、南部振興課は名称を南部東部振興課に変更してる。

弘法大師の道とは、要は弘法大師が若かりし頃、和歌山県・高野山を発見することになったと思われる、奈良県・吉野山からのルート。

これは、５年越しやった。平成21（２００９）年から現地調査や準備を開始して、翌年に「弘法大師の道　吉野・高野の道プロジェクト（当時名称）」実行委員会を立ち上げてん。「弘法大師の道」って何？　って思った人がいたやろなぁ(笑)。そもそもそんな道の名前なかったし。その道を探し出して、そこにそう名付けてん。

来る平成27（２０１５）年に、高野山が開創１２００年を迎えるという絶好のタイミングでもあったから、当初は平成27年までに道を見つけて確定しようっていう感じやったけど、それより早く探し出せて、正式にスタートした。

ちょっと分かりにくいねんけど、奈良の吉野山には金峯山寺《きんぷせんじ》があって、和歌山の高野山には金剛峯寺《こんごうぶじ》がある。名前は似てるけど、全く関係なくて、宗派も違うお寺やねん。

ことの始まりは、金峯山寺の宗務総長（当時）の田中利典《りてん》さんから電話があって「ある会議で、金剛峯寺の教学部長（当時）で高野山大学名誉教授の村上保壽《やすとし》さんと会った。その人が自分の出身地の京都府綾部市にほど近い与謝郡の出身やって、仲良うなってん」と。

村上さんが弘法大師の詩文集『性霊集』にある記述「少年の日に吉野山から１日南行し、

さらに西に2日歩いて高野山に至った」に基づいて、高野山側から奈良県・野迫川村まではだいたいルートの見当はつけたと。

それで村上さんから「奈良側はそっちでやらなあかんぞ」っていわれたらしい。俺は「お前やってくれるか？」って田中さんにいわれて「おもろいですやん、探しましょか！」ってなって、県でやることになってん。

それにしても、俺は『性霊集』のことは知らんかった。たぶん金峯山寺の人らも知らんかったんちゃうかなぁ。

うちのおかんは徳島県出身で、母方のおばあちゃんから、お遍路さんやお大師さん（弘法大師のこと）の話はしょっちゅう聞かされてたから、まさか県の仕事でお大師さんのことができるやなんて、俺はめっちゃ嬉しかってん。

「弘法大師の道　吉野・高野の道プロジェクト」実行委員会の実行委員長は村上さん、副委員長は田中さんにお願いした。

考古学者で奈良県立橿原考古学研究所の所長だった故・菅谷文則さんにも入ってもらって、ルートを検証しながら確定していった。

二つのお寺は、実はそれまでそんなに交流がなかってんけど、何度も何度も会議して、飲み会もして（笑）だんだん仲良うなっていってん。

だいたいのルートが確定してから、高野山開創１２００年の記念行事にもしてもらって、金剛峯寺と金峯山寺のお坊さんと県と沿線自治体のメンバーで一緒に3日間かけてそのルートを歩いたよ。みんなヘトヘトになって高野山まで歩いてさ。

その翌週に「Kobo Trail」１回目の開催やった。

トレイルランニングは、登山道や林道など未舗装の道を走るアウトドアの競技。なんでトレイルランニングかっていうたら、「弘法大師の道」とか銘打ってイベントしたら、歴史好きの年寄りばっかり来るかもしれへん。

「若い人にどうやって伝えたらええんやろう」って考えてたら、「トレイルランニングってあるらしいよ。めっちゃかっこええらしいで」って聞いて。

俺、トレイルランニングなんて全く知らんかったし、当時は今ほどのブームちゃうかってんな。

いろいろ調べてたら、プロトレイルランナーの鏑木毅《かぶらきつよし》さんと横山峰弘さんの情報が出てきてん。世界で5位とか6位って出て来た。

「すごい人おるやん！　えらいこっちゃ。すぐ会わなあかん」

鏑木さんのスポンサーを調べたら、『ザ・ノース・フェイス』。早速電話かけて「『ザ・ノース・フェイス』のトレイルランニングの担当の方、お願いします」って話した。

その数日後くらいに鏑木さんと『ザ・ノース・フェイス』の担当者さんに会うことができてん。

いろいろトレイルランニングのことを聞かせてもらって「かっこええな。これやな」って思った。

今から思うと、このときはルートが確定してなかったし、むちゃくちゃやけど、ホームページもつくって鏑木さんと田中さんの対談の動画を載せてん。広報から先にやっとこって考えてたから。

ルートが少しずつ確定していくたびに、鏑木さんと横山さんに来てもらって小さなトレイルランニングイベントをやり始めたんや。

そうしたら日本でトレイルランニングがブームみたいになってきて、二人と話をしているうちに「トレイルランニングのレースをやろか！」っていう話になって、「Kobo Trail」をやることになってん。

それで鏑木さんにゲストランナー、横山さんにコースディレクターとして、関わってもらってるよ。

いざ始めてみたら、６年連続で毎年約２００人、20代から60代まで幅広い年齢層が参加してくれた（令和２（２０２０）年、３（２０２１）年度は新型コロナウイルス感染症流行の影響により開催中止）。

このレースは、スタート前日に宿泊してもらう旅行商品になってて、地域の宿のキャパがあるから参加者数には限りがあるねん。参加してくれる人はリピーターが多くて、宿の人たちと仲良くなってて、ほんまええ感じやねんなぁ。走る人も、地域の人らも気持ちいいイベントになってると思うわ。

『オフィスキャンプ東吉野』に全国から人が来る

平成23（2011）年に、俺にとって大きな、重要な男との出会いがあった。

観光の仕事をするようになってからプロモーションは旅行雑誌『じゃらん』でやっててん。この年の企画は「奥大和でがんばってる若者に会いに行く」。この取材で、平成18（2006）年に東吉野村に移住したデザイナー・大ちゃんこと坂本大祐に会うねん。

大阪府出身の大ちゃんは、中学生のときに東吉野村に山村留学したことがあって、村との縁ができたらしい。俺と出会ったときはフリーランスとして主に大阪から仕事を受注してたから、大阪の人とばっかりやり取りしてたんやろうな。その頃ってまだ「都会で働くのがステータスや」っていう価値観が主流やったし。

「大阪の仕事してます。奈良にいてもできてますねん」

「そんなん、おもろないやん。俺がつくるの手伝ってくれや！」

そうして、まだ考えてる最中の事業の場所に来てもらったり、5年も住んでんのに「奈良に友達はいない」と聞いたから、友達を紹介したりしたんや。

あるとき大ちゃんに「風呂行こう」っていうて、スーパー銭湯みたいなとこのぬるい炭酸泉に入って、2時間くらい話した。

「大ちゃんが東吉野村に来たしさ、大門（この頃に東吉野村に移住したデザイナー・菅野大門さんのこと）もおって、デザイナーが二人来たやん。これ、デザイナーズビレッジみたいになれるんちゃうか？」

「福野さん、デザイナーやったらデザインだけやから、『クリエイター』っていうたらもうちょっと広義的になるんで、そのほうがいいんじゃないですか」

「それ、ええやん！『奥大和クリエイティブビレッジ』やん。大ちゃん企画書、書いてくれへん。県の仕事として発注するから」

大ちゃんがまとめてくれたんが、「奥大和クリエイティブビレッジ構想」。この仕事から仲良くなっていったなぁ。

あるとき高知にサーフィン行ったら、道の駅で販売されてる商品がかっこよくて、東京か大阪の有名なデザイナーがやってんのかなぁ〜って思ってん。そしたら高知県出身・在住のデザイナーの梅原真さんの仕事って分かった。

「そうか！　これからはローカルのデザインはローカルのデザイナーがやっていくんや！　奥大和もそうならなあかん！」

早速大ちゃんに、山添村の紅茶や黒滝村の伝統野菜のパッケージをやってもらった。

高知でもう一つ、印象深いものを見てん。

たまたま『シマントシェアオフィス』っていう看板を見つけて「なんなん？」って思って見に行ったら建物は廃校舎で、普通の教室に机が置いてあって、スタッフが「オフィスとして貸してます」っていわはってん。

「そうか、ネットが繋がる環境があれば、地域でも仕事ができるんや。廃校もええけど、俺は空き家の改修をいっぱいやってきたし、こういうのを空き家を改修してやりたいなぁ」

そう思って、大ちゃんに話した。

「俺、これまでレストランとか宿はけっこうやってきてんけど、次はシェアオフィスやりたい。そんなん、やりたいと思えへん？」

「そんなんできるんすか？　やりたいっすよ！」

それで「奥大和クリエイティブビレッジ構想」には、シェアオフィスが必要やということになっててん。この頃、コワーキングスペースっていう言葉はまだ知らんかったなぁ。

東吉野村の村長も前向きにとらえてくれはって、県と村で一緒にやることになった。大ちゃんにプランニングとシェアオフィスの建築デザインをお願いして、この構想のプロジェクトが始まった。

ほんまにいろんな人が応援してくれて、できたと思うな。

高知でたまたまシェアオフィスに出会って、大ちゃんがデザイナーっていう仕事を東吉野村でしてて、県や村の政策にも合致して、いい物件が見つかるって、ほんま絶妙のタイミングやった。

あの状況やったから、プロジェクトを進めることができたと思う。役所でありがちなガチガチの計画つくって、それを叩いて叩いて……っていうことは全くしてないもんな。楽しくて、村や奥大和の未来を想像してワクワクしてたなぁ。

こうやって平成27（2015）年にオープンしたんが、『オフィスキャンプ東吉野』。ちなみに同時期に、下市町に木工芸家・徳永順男さんの鉋《かんな》仕上げによる吉野杉の家具を製作する『市《いち》』の工房もつくった。

大ちゃんが『オフィスキャンプ東吉野』に常駐してくれることになって、全国各地に知り合いがいる大ちゃんの力と口コミで、オープン以来、全国からのべ約8000人が来てくれた（令和3（2021）年4月現在。毎年冬季は休館）。

その後大ちゃんは、『合同会社オフィスキャンプ』を設立して、運営にあたってくれてる。いろんなクリエイターから東吉野村への移住相談を受けるようになって、これまでに14組27名が移住したよ（令和3年4月現在）。

これが始まりで、大ちゃんとは、いろんな事業を一緒にやっていく兄弟みたいな間柄になっていくねん。俺、若い人らとよくからんでるけど、それも大ちゃんのおかげやと思うわ。ほんまにありがたい。

ちなみに、その翌年の平成28（2016）年から、奥大和で毎年開催するアートイベントとして「ＷＳＭＡ《ワズマ》」を始めてん。

これは、アートイベントをやりたくて予算取って、ゲージツ家のクマさんこと篠原勝之さんに山梨まで相談に行ってん。そしたら、クマさんにこういわれて、ハッとしたわけ。

「そういうのはさ、地元の人がやるもんだよ。地元に誰かいるだろ？」

「ほんまや！　大ちゃんのお父さんがアーティストやん」

ほんで俺、慌ててビューッと帰って大ちゃんのお父さんに相談して「ＷＳＭＡ」を始めることになってん。スタート以来、宇陀市、天川村、御所市で開催してる。

大ちゃんと出会ったことで、『オフィスキャンプ東吉野』ができて、「ＷＳＭＡ」も始まった。そしてこの「ＷＳＭＡ」の経験が、第5章で紹介する別のアートイベントにも繋がっていくねん。

奥大和で、さらなる拠点づくり

〈移住交流推進室〉

平成28（２０１６）年から、部署名が移住交流推進室になってん。ここから、事業の中でも、移住や交流、関係人口を生み出すような活動がメインになっていったなぁ。

東吉野村の次に力を入れたのは、県の南東の端にある下北山村。三重に接していて、海がない奈良の中で「海まで車で約30分」という好立地で、人口は約９００人やねん。

大阪や名古屋からは車で約3時間、奈良市からは約2時間半かかるけど、山間部の奥地へと進むぶん、自然が圧倒的に豊かなところ。村の西部には、世界遺産に登録された「紀伊山地の霊場と参詣道」に含まれる大峯《おおみね》奥駈道《おくがけみち》があって、村内の約半分が吉野熊野国立公園に指定されてる。

東吉野村は、クリエイターやものづくりをする人など個性的なメンバーが村のキーパーソンになってるんやけど、下北山村は現在、幅広いジャンルにプレイヤーがいて、村全体が盛り上がっていて、各所でいろんなものが生まれている感じやなぁ。

その一つになれたんかなと思う下北山村の交流拠点が、平成29（２０１７）年にオープンさせたコワーキングスペース『SHIMOKITAYAMA BIYORI《びより》』。

もともとは保育園やった施設を、夏休みに村外の大学生が村の子に勉強を教える場として活用してて、大学生に泊まってもらえるよう改修する話がほぼ決まってててん。

でもそこに俺が「村の人たちが集まる場所、村外の人と交流する場所にしよう！」って提案したもんやから、村では反対意見が出たんやけど、最終的に村長がこっちのプランにしようと決めてくれて、実現した。

企業や個人事業主が１ヶ月単位で利用できる個室のレンタルオフィスと、村内外の人が集まることができる共有スペースっていう二つの機能があんねん。

来館者数は、村内外を合わせて平成30（２０１８）年度には１３５２人、令和元（２０１９）

年度には2380人、令和2(2020)年度にはコロナ禍などによる休館日が多かったにもかかわらず1343人。令和3(2021)年4月からは奈良市の釣りメーカーが事務所を構えたり、製薬会社がワーケーションの実証実験したり、いろんな動きが生まれてる。

今は、その向かいに移住交流体験施設『むらんち』ができてん。ここは村民のみならず、村外の人々も活用できる〝窓口〟になっていて、条件を満たせば『むらんち』に泊まってお試し移住をすることができる。

地域の人たちを健康にする、コミュニティナース

「すごいおもしろい概念やん!」

平成28（２０１６）年秋に島根県へ視察に行ったとき、知り合いに紹介してもろて、矢田明子さんに出会ってん。そのときは別の団体の視察やったから、直後に改めて会って、話をじっくり聞かせてもらったら、そう思ったんやなぁ。

矢田さんは、26歳のときに最愛のお父さんを病気で亡くして「もっと早く病院へ行ったり検査をしたりしていたら、違う結果になったかもしれない」と後悔して、育児中にもかかわらず、看護師を目指して27歳で大学へ入学。大学3年のとき、コミュニティナースとして自ら活動を開始したんや。

コミュニティナースっていうんは、医療機関ではなくて、みんなの日常の動線に近いところで活動して、健康なうちから関わる人材、概念のことやと。

そう聞いて俺、感動してしもて、実はその場で泣いてしまってん。

「これは地域に必要や！」

県として導入しようとすぐ決めてん。移住者や関係人口をただ増やすのではなくて、奥大和に住んでいる人に「ずっとここで暮らしたい」と思ってもらって、地域を元気にするのも俺ら自治体職員の目標やから。

県庁の内部でプレゼンしたとき、はじめは「既存制度の地域包括ケアなどでカバーできているのでは」という声が出てんけど、「いやいや、そんなんちゃうやろ！」と思って。それは介護保険や医療保険を使っている人の話。

病院に行かずに、医療保険にも介護保険にもかかっていない人たちがいて、その〝空白〟に働きかけて健康にするのがコミュニティナース。病気を早期発見することによって医療費も削減できる。そんな話をしてん。

県知事は、地域に入りたいコミュニティナースがいるのか、都会に比べて不便なところでコミュニティナースが活動を続けられるのか心配したけど、俺はこう宣言したんや。

「世の中にはこういうことにチャレンジをしたいと思っている人がいっぱいおるんです。やらなあかんことですし、制度をつくって成果を上げます！」

熱くなって机をバン！　と叩いてん。

「日本にはまだコミュニティナースの概念がないけども、それを奈良県として進めていきたいと考えています！　やらせてください！」

一瞬シーンとなったけど（笑）、「そんなら、やってみましょうか」となった。

ほんで、平成29（２０１７）年4月から一人目のコミュニティナースが山添村に入って、川上村、天川村など、次々と導入しててん。県として導入したのは奈良が初めてで、今でも唯一の取り組みになってる。

特に山添村では村内のガソリンスタンドにコミュニティナースが常駐して（当時）、川上村では村内を回る移動販売車に乗るスタイルで活動したから、ずいぶん話題にしてもらったなぁ。

さらに翌年から「奥大和コミュニティナース養成講座」も開催して、コミュニティナースを育てるほうにも力を入れてん。県内からの参加者は約4割で、ほかは県外からやったから、思わぬところで関係人口が生まれたりもしたな（現在は初めてコミュニティナースについて学ぶ人向けの入り口となる「基礎講座」と、過去に養成講座を受けて活動をしてきた人たちが対象の「ステップアップ講座」を開催）。

市町村に所属して活動している人や、それを経て地域で起業し活動している人がいて、現在は、奈良市、桜井市、御所市、山添村、川上村、天川村、五條市、大淀町で計9名が活動してる（令和3（2021）年5月現在）。

自分を気にかけてくれる人がいるって、嬉しいやんか。地域が元気になって、コミュニティナースもより自活できるようになっていったらいいなと、今でもいつも考えてるねん。

大事なんは、拠点づくりと人材育成の二本柱や！

〈奥大和移住・交流推進室〉

平成30（2018）年からは、部署名に「奥大和」がついて、奥大和移住・交流推進室になってん。

『オフィスキャンプ東吉野』や『SHIMOKITAYAMA BIYORI』を立ち上げた後は、その経験から「とにかく地域に拠点があることが重要や」と思っててんけど、それだけやないと考えさせられるようになった。

きっかけは、俺が自宅を引っ越して新築することになって、大阪の『IKEA』に買い物に行ったこと。そこで『IKEA』の商品の展示スタイルを見て、はまってもうて。感激して写真撮りまくって、全然買い物しないから、嫁はんに呆れられたわ(笑)。

すぐ調べたら、『IKEA』はスウェーデンの田舎の村で始まったと知って驚いたなぁ。

「これ、奥大和でできるんちゃうん?」

何も『IKEA』みたいなお店をそのままつくろうっていう話やない。暮らしがイメージできるようコーナーごとに展示・陳列して、それをお客さんにとっての入り口にしてるところに興奮したんや。普通のインテリア家具屋は、タンスならタンスばっかり並べてるやん。

それで考えたんが「OWLD構想～Okuyamato Whole Life Department store～」。

この構想をブラッシュアップして「ショップ、カフェ、ゲストハウス、コワーキングの機能を持った小規模多機能な拠点をつくったら、入り口がいっぱいできる」って考えた。でも「それをつくるとしたら誰がやるん？」ってなって、拠点整備と同時に「人材育成」こそが大事なんや！　とたどり着いてん。その二本柱やと。人を拡張する機能として拠点が要ることが分かってんな。

それからは意識して複数の人材育成事業を実行してん。

雑誌『ソトコト』とのコラボで、下北山村で開催した「むらコトアカデミー」と「奥大和アカデミー」。地域づくりや起業などに関心を持つ人を対象にした、関係人口を生み出すための講座で、ベースは東京や名古屋などの都会で開催しつつ、奥大和の現地にも来てもらって、地域を実感してもらった。

「むらコトアカデミー」の1期生で東京都生まれ・育ちで、うつ病の人の再就職支援などの事業を行う『リヴァ』に勤める森田沙耶さんは、受講を機に社内で下北山村での新サービス「ムラカラ」を立ち上げ、東京から移住してくれて。

「ムラカラ」は、うつなどの疾病で離職や休職をしている人に向けた宿泊型転地療養サービス。シェアハウスに滞在し、徒歩5分圏内の温泉施設を利用したり、メンタルケアのサポートを受けたりして、心身を癒すことができるねん。

その滞在で、村に最初に入った3人のうち1人は村を気に入って残って、今も住んでくれてるよ。


もう一つが、「DESIGN《デザイン》 CAMP《キャンプ》 @奥大和」。

アジア各国で活躍する外国人デザイナーと、奥大和地域を拠点に活動するデザイナー、ローカルに興味のある国内デザイナーが、共同生活を通して奥大和の事業者に寄り添い、提案を一緒に考えていくプログラム。お互いの暮らしや文化について深く理解し合って、仲間になっていくねん。

この後、この繋がりからインドネシアのジャカルタ、シンガポールでの商品販売に発展していくんやけど（詳細は第5章参照）、「DESIGN CAMP @奥大和」で来日してくれたデザイナーたちが関わってくれてる。

さらに、「奥大和クリエイティブスクール」も開催したなぁ。地域の魅力を発見して、ローカルで活躍できるクリエイターを創出するために、日本各地で活躍する講師を招いて講座を開催してるねん。これは、令和元(2019)年度にスタートして、令和3(2021)年度の現在も進行してる。

主な講師陣は、『iRIKAWA Style & Holdings』の入川秀人さん、『アカオニ』の小板橋基希さん、『ライゾマティクス(現アブストラクトエンジン)』の齋藤精一さん、メンターが『中川政七商店』の中川政七さんという豪華な顔ぶれや。

これまでは補助金を取って自治体側の自分たちが事業を回してきたけど、ありがたいことに今「奥大和クリエイティブスクール」では受講生が自分たちで事業をつくる動きが生まれてる。

講師のみなさんのおかげでやる気になって、自分たちで交渉してそれぞれのプロジェクトを進めていっている様子を見て「ほんまにこうなっていくんやなぁ」と驚いてるわ。

ただのスクールにおさまらない、この動きが広がっていったら、奥大和や奈良が明らかに変わっていくと思う。

第3章

俺が自治体職員になったワケ

やんちゃだった、子ども時代

俺は、奈良市生まれ、奈良市育ちやねん。

育ったまち、京終《きょうばて》は子どもが多くて、みんなやんちゃやったな。京終は、卸売市場や製材所、蚊帳の工場、墨屋とか、商売人の子が多かってん。

当然、大人も商売人だらけや。自分の子どもみたいに、どの子どもにも接するような人が多かったなぁ。

俺も例に漏れず、やんちゃやった。下校前のクラスの会で、女子が誰か泣いてたら「福野くんがなんかやった！」っていわれるし、「袋がなくなった」と誰かがいうたら「福野くんが袋盗った！」っていわれるし（笑）。

小学4年生のときから「奈良ＦＣ」っていうサッカーチームでサッカーをしててんけど、6年生のとき奈良県代表で全国大会に行っててん。

みんなが泊まる宿泊先で、女子風呂をのぞきに行って、ある若い女性監督にバレて捕まったなぁ。その人、ドアバンッて開けて風呂から出てきはって（笑）。

俺は出てくるなんて思えへんやん。びっくりしてん。

「あなたどこの子!?　こっちおいで！」

「奈良ＦＣです……」

翌朝、「福ちゃんについて行って捕まった、最低や！」ってみんなにいわれたな（笑）。

ちっこい頃から、そんな子やったからな。

２年生のときの通信簿に「天邪鬼《あまのじゃく》」って書かれてん。

通信簿やで、普通「天邪鬼」って書く？　ええことちゃうやん（笑）。

おかんが先生に「どういうことですか？」って聞いたら、「そういうことや」っていわれたらしい（笑）。俺、何かといたずらしたり逆らったりしてたんやろうなぁ。

親父とおかん、妹のこと

うちは裕福な家庭やなかったなぁ。それは親父がむちゃくちゃやったから（笑）。親父は病院の医療事務の仕事しててんけど、夜は毎日呑み歩いてたんちゃうかな。平日は家にろくに帰って来えへんかった。

俺が小学生のときは、だいたい近所のスナックで呑んで、お金なくなったら「水屋（食器棚の意）の引き出しの中に『がま口』入ってるから持って来い」って電話がかかって来んねん。それも向かいに住んでるおばちゃんが「ひろちゃん、お父さんから電話やで」って。うちには電話があらへんかった。クラスで俺だけやったで。

週末に久しぶりに帰って来たと思ったら、家に仲間連れてきて、麻雀すんねん。四畳半、六畳、二畳の台所の家におかんと住んでんのに、7～8人連れて帰って来んねん。俺らは寝るとこないやん。

今、猿沢池の近くにある『ホテル尾花』が、当時は『尾花劇場』っていう映画館やって、土曜はオールナイト上映をやってたてん。

親父が「そこ行って来い」っていうて、おかんと二人で朝まで映画観て過ごしてた。何観てたんかなぁ、全然覚えてないわ。

おかんは、いつ帰って来るか分からん親父にいつも安い刺身を買ってて、「俺食べられるんかな」と楽しみに思ってても、「食べたらあかん」って。親父がいつ帰って来てもいいようにって、おかん、親父のこと好きやってんやろな。

でもたいてい2〜3日後に、それは味噌汁の具になるか、炊いたおかずになってた。おかんが日頃準備してたのは刺身だけやなくて、親父の靴磨いたり、シャツにアイロンあてたりもしててん。全く帰って来うへんのに。

そんな生活やから、普段の食事であんまり肉を食ったことないねん。かしわ屋（鶏肉屋のこと）の前を通ると、店の後ろのほうでロースト肉が回ってる機械があって、ええ匂いしてるのに絶対買うてくれへん。誕生日だけが特別で、鶏の足1本や。それが嬉しゅうて。御馳走やってん。

でも、親父のこと好きやったよ。かっこよかった。髪をオールバックにして、ヘアスプレーで固めて、一糸乱れぬ頭で。そんな人、あんまいないやろ？　俺ちっこいとき、親父に肩車してもらって髪の毛触ってもうて、どつかれたことあるで（笑）。ヘアセットが大事やったんやな。そのヘアスプレーの匂い、めっちゃ覚えてるわ。

きっと影響受けてるんやと思う。親父のように、スーツのズボンは筋がきれいにぴしっと入ってないとあかんし、靴も磨いてないとあかんし。気持ち悪いねん。靴が汚いとか、シャツがくしゃくしゃなのは俺の中で許されへん。

小学2年生のとき、妹が産まれて、親父はよう帰って来るようになった。きっと可愛かったんちゃうかな。

8つ離れてるし、俺も妹が可愛かってん。妹を幼稚園に送ってから中学に行くから朝遅刻したり、妹を幼稚園に迎えに行ってそのままクラブに連れて行って、みんなが妹のこと見てくれたりしたよ。うちは長屋で入り口に鍵かけてなかったから、俺がいないときに友達が妹と遊んでくれてたこともあったなぁ。

考えるの、おもろいやん

しょっちゅう「なんで？」「なんでそんなんすんの？」っていうてた子どもやったよ。どうして物事がそうなってるのか、根本のとこが気になって、考えてまう子どもやってん。

あとは俺、算数が得意やってな。

例えば「Aさんが時速○キロで池の周りを歩いていたら、反対周りに時速○キロで歩くBさんとどこで会いますか？」とか、得意やってん。そんなんがめっちゃ好きで、パズルみたいに感じておもろかってん。

考えるの、おもろいやん。高校時代に大好きやったんは、因数分解。あんなんめっちゃおもろいやん。解くのが楽しいてしゃあなかった（笑）。

ぐちゃぐちゃなってんのを整理していくと、スカッとするやんか？

でも実際に巻きついてぐちゃぐちゃになってる糸とか紐を解《ほど》くのは嫌いやで。もうイライラして、ガッて切るタイプやから（笑）。

小学5、6年生のとき、学校から2人ずつ算数できる子を選んで集めて、奈良教育大学でちょっと難しい算数をやる勉強会があってん。それに呼んでもろて、めっちゃおもろかった。

自分で「なんでやろ?」って考えて、整理していくのが楽しい。子どもの頃からそうで、それは今でも変わってないんちゃうかな。

県庁に就職したシンプルな理由

第１章で書いたように、高校を卒業してすぐ県庁に入ったんやけどな。

高校時代はサッカー一筋で、進学校みたいなとこやったから、卒業したらみんなと同じように大学に進学するもんやって思っててんけど、親父の一言でそれが崩れてん。

「卒業したら働くねん。就職や」

「えぇっ！」

びっくりしたで。「進学する金はない」っていわれたから働くことになって。

そういわれたらしゃあないなと、はじめは中学生の頃からアルバイトをしていた卸売市場の魚屋に就職しようと思ってん。魚屋なら稼げると思ってたし。いつか自分で商売しよう、みたいな感じやった。

でも、親父に勧められたのは、親父の身内がやっていた大阪の薬問屋。一方でおかんは、同級生がやっていた大阪のスーツ屋を勧めてくる。

「もう、自分の将来くらい自分で決めさせてくれや！」

そう思うやん？

「ほんまは大学に行きたいけど、難しいんやろな……」

そう思いながらあきらめかけていたとき、たまたま新聞で警察官の求人記事を見てん。それで近くの交番で知り合いのお巡りさんに話を聞いてみたら、思いがけないことを聞いた。

「警察官になったら、仕事を早引きして夜間大学に行けるで」

「それ、めっちゃええやん！　大学行けるんなら、警察官しかないわ！」

夜、大学行けるのやったらええなぁと思ってん。


警察官を受験するために奈良県庁に応募書類をもらいに行ったら、たまたま隣に置いてあったんが、奈良県庁の応募書類やった。

一緒に持って帰ってきて、どっちの願書も書いて、一次の筆記試験を受けてみたら、どちらも合格してん。

二次面接で「なぜこの仕事を希望したんですか？」と聞かれたとき、正直に答えたよ。

「夜間大学に行きたいからです。行けますか？」

ほんだら、警察官でも県庁職員でも、夜間大学に通えることを教えてもらった。

結局、奈良県庁に入庁することになってん。

卸売市場の魚屋で働いても、朝仕事して昼寝すれば夜大学に行けるやろと思っててんけど、県庁のほうが楽やろなって思って。

だから間違うて県庁入ったようなもんや（笑）。

県庁の仕事は、大学を卒業したら辞めようと思っててん。４年間のつもりやったのに、42年間も勤めることになるんやから、人生おもろいなぁ。

働きながら、大学生になる

家から一番近くて、一番学費が安い大学。それが近畿大学やった。

学部は、商経学部商学科。なんでかいうたら、願書の学部選択欄の一番上にあったんが商経学部、商学科やってん。上から丸、丸って付けていって、商経学部商学科や（笑）。

給料が安いから育英会の奨学金をもらおと思っても、親父は仕事だけはちゃんとしてて所得は高いもんやから、もらわれへん。

大学の事務局で「親父は働いてるけど、学費は出してくれませんねん」って話したら、事務局の人が「そういう学生、ようけおんねん。分かった」っていうてくれはって、近畿大学独自の奨学金を借りれることになった。

4年間の授業料、全額貸してくれてん。

年間10万円で4年分で40万円。卒業後5万円ずつ8年かけて返したらええっていう制度で、それも無利子で貸してくれんねん。ほんまにええ大学やったなぁ。

奈良県税事務所を16時過ぎに出させてもらって、18時から授業を受ける生活が始まった。

これ、けっこう楽しかった。

近畿大学ってスポーツに力を入れてて、同じクラスには体育会の奴が多かったなぁ。せやから野球部にＰＬ高校の野球部が甲子園で優勝したときのキャプテンがおったり、いろんなスポーツ界のエリートが来てた。スポーツ一筋の、そんな奴しかおれへん感じやってん。元プロボクサーの赤井英和さんもいたし。

俺みたいに、普通に働いてる奴はあんまりおらへんかったんちゃうかな。

笑福亭鶴瓶さんとの出会い

この当時、県庁の給料が安くてお金が全然足らん感じやってん。

そのとき、お金稼ごう思たら「芸人ちゃうか？」って思って。俺、いけるんちゃうかって（笑）。

それで20歳のときに知り合うたんが、落語家でタレントの笑福亭鶴瓶さん。そう、みんなが知ってるあの鶴瓶さん。

当時、日曜の深夜に鶴瓶さんと放送作家の新野新さんがラジオ番組「ぬかるみの世界」をやってて、俺は高校時代から聞いてて。これがめっちゃおもろかってん。

昭和53（1978）年に始まったラジオ番組で、鶴瓶さんは関西で人気が出始めていた頃。今のように全国的に有名になってなかったんちゃうかな？　俺の9つ年上やから、鶴瓶さんも20代やった。

「俺、この人の弟子になる！」

そう勝手に思い込んでてん（笑）。

どうやったら近づけるか、考えて、夜中の3時にラジオ局の出待ちしたりしたなぁ。でも、当たり前やけど、なかなか近づかれへん。

そしたら鶴瓶さんの初めての冠番組で「ミッドナイトトレイン」っていう関西テレビの深夜番組があって、番組の企画で、視聴者が参加できるスキーツアーの募集があって。

「これや！」

それにハガキで申し込んでん(笑)。

まずハガキが選考で運良く通過して、次に面接があって。ツレと行ってみたら、いたのは20人ちょっとやったかなぁ。後で聞いたら、相当応募があって面接もいっぱい来てたらしい。面接ではしゃべりまくったなぁ。

それで無事通って、ツアーに行けることになった。

そのツアーで実は、後に嫁はんになる女性に出会うねん。嫁はんは偶然、ハガキも面接もなしでピンチヒッターで来ることになったらしい。運命やったかも(笑)。

俺はそのとき、とにかく芸人になりたい一心で、鶴瓶さんに近づこう思ってたから、集合してツアーが始まったときからバスの一番後ろの真ん中の席に座って「マイク回して」っていうてしゃべり始めた。

そしたら、鶴瓶さんがすぐに後ろのほうの席に来てくれて、掛け合いつつ、そのツアーですごい仲良うなってん。

そのときの俺のギャグは「ヤンキーの口」。鶴瓶さんとなんやかんややり取りしてたら、急に指さされて「ヤンキーの口」っていわはる。ほんだら、口尖らせて怖い顔するねん。そんなことをしながら1泊2日、サイコーやったなぁ。

それから鶴瓶さんにちょいちょい声をかけてもらえるようになってん。

週末に鶴瓶さんの余興の現場へ一緒に行ったり、関西テレビの番組のカメリハ（カメラリハーサルの意）でしゃべらせてもらったり、ラジオ番組の収録についていったときに、使っていないスタジオで鶴瓶さんにいきなり「しゃべってみ」っていわれてしゃべらせてもらったなぁ。そのとき、笑福亭笑瓶さんも一緒にやってん。

弟子入り前やったけど、とにかく楽しかった。

鶴瓶さんの影響を受けて、いつも大学ノートを持ち歩いてネタを書いてた。電車の中や職場で起こるちょっとおもろいことをメモして、脚色して広げてしゃべるねん。ほんまにどう笑いを取ろうかって考えるようになったよ。あの人は、日常のささいなことを上手に拾わはる。そういうところは、すごく影響を受けたなぁ。

その頃、二十歳前後やし、芸人の世界にすごい行きたくなってた。

県庁に勤めてるけど、「こっちでやっていきたい」って思っててん。

でも、そうはならんかった。22歳になる年の5月頃やったかなぁ。付き合ってた嫁はん、当時の彼女のお腹が大きなっててん(笑)。

鶴瓶さんに相談したら、鶴瓶さんも鶴瓶さんの奥さんも「芸人は仕事が朝早かったり夜遅かったり不規則やし、休みも決まってない。収入も安定してないから（家族が）食っていかれへん。県庁行っとき」っていわはった。

俺は「県庁は給料安うて無理です」っていうてんけど「金のことというな！　県庁でしっかり働け」ってなって。鶴瓶さんにそういわれたら、全く逆らえへんねんなぁ。

俺らは6月に結婚式をあげてんけど、急な結婚やったしお金が全くなくて、鶴瓶さんは自分が挙式した大阪の神社を教えてくれて、お金ないからっていろいろ調整してくれはってん。

衣装も、予算が10万円しかなくて鶴瓶さんに「なんも借りられまへん」って相談したら、芸能関係の衣装会社に話をしてくれて「どれでも好きなん、貸したるで」っていってくれて。嫁はんが白無垢とウェディングドレス、俺はモーニングとタキシード、貸してくれはった。すごいお世話になって。

たいそうにいうたら(大げさにいえばの意)、ここが人生の分岐点やったかも。

さらに鶴瓶さんに仲人までしてもらってん。当時の鶴瓶さんはアフロヘアで、まだ全国区やなかったから、結婚式に来てくれた嫁はんの九州の親戚は「あのふざけてる人、誰だろう?」ってなってたみたい。

鶴瓶さんにとって初めての仲人やったらしい。ちなみに二人目は、笑福亭笑瓶さん。結婚式当日、鶴瓶さんの奥さんから「新婚旅行どうするの?」と聞かれて、子どもが産まれたら行く予定だと答えたら、「結婚式が終わってそのまま行くのが新婚旅行。終わってから行くのはただの旅行や」っていわれてん。

俺らはなんも用意してなかってんけど、急遽いただいたお祝い金と支払い済ませた残金で行くことにして、神社からアクセスのいい名古屋に直行して、ホテルも取ってなかったから、名古屋の都ホテルに泊まった。

当時22歳やから、名古屋のことなんも知らんときで、ホテルで名古屋名物を聞いたら味噌煮込みうどんやと聞いて有名店に食いに行った。2日目は飛騨高山、3日目は下呂温泉に行ってん。嫁さんがつわりでしんどなって、俺は一人で飯食いながら仲居のおばさんとしゃべって呑んだな(笑)。

鶴瓶さん夫妻のおかげで結婚式もできたし、新婚旅行にも行けてん。

その年の12月に子どもが産まれて、夜間大学の卒業式には子ども抱いて行った。あのときは「お金ないのに子どもできて、どうすんねん」って思ったけどな（笑）。まぁ、いけるもんやな。

マクドに転職しようとして鶴瓶さんに怒られる

そんだけお世話になった結婚式から2年もせんうちに、俺はある行為をして、鶴瓶さんに怒られるねん。

24歳やったけど子どもがいてるし、県庁の給料じゃ安すぎるなと思って、就職情報誌で調べて転職を考えた。

それで見つけて「これや!」と思ったんが、マクド(マクドナルドのこと)の仕事やった。当時の『日本マクドナルド』の西日本で「幹部社員を募集」と求人広告が載っててん。

そのときは設立から十数年目で、店舗が奈良に一軒しかなかった。外食産業そのものが少なかったからおもろそうやと思ったし、給料も良さそうで。県庁は当時年収が250万円くらいやったけど、マクドは500万円くらいやった。

それに一番大きな理由は、大阪府出身の藤田田《でん》さんっていう『日本マクドナルド』の創業者の著書『ユダヤの商法 世界経済を動かす』がおもろかってん。当時のベストセラー。

それが響いて、願書出して、大阪・船場のビルまで面接試験に行ったら200人以上いてた。こんなにいるんやって驚いてんけど、人事担当が「書類審査でこれだけ選びました。今日はここから5~10名を採用したいと思います」って話して面接が始まり、俺も面接を受けてん。

お昼前に発表があって、1人目、2人目……と名前が呼ばれるんやけど、俺は呼ばれん。

ほんでようやく、10人目っていうとき。

「福野博昭さん」

まさかやったけど、名前呼ばれて、受かってた。

そのままビルで健康診断を受けて、戻ってきたら一人ずつ呼ばれて「いつから来れますか」と話をしてん。どうやら全国各地に転勤の可能性があるらしかった。

そのまま本社を案内されてんけど、パソコンがあってPOSシステム（商品の売り上げを単品ごとに把握し、在庫を管理するシステム）ができあがってた。それを使って3店舗を管理してる人がいて、さらにその人たちを管理してる人がいて、という構造になっててん。幹部職員を目指す人もいれば、まもなく始まろうとしていたフランチャイズの店舗オーナーになる道もあると聞いて。

転勤すれば家賃負担してもらえるし、給料も上がる。「貧乏脱出や！」とちょっと浮かれとってんなぁ。

そろそろ職場にいわなあかんな、と思ってたとき、鶴瓶さんの弟子になっていた笑福亭笑瓶さんと電話でしゃべる機会があってん。

「俺、マクド行くことになると思いますねん」

「師匠にいうたん？」

まだやったから連絡したら、鶴瓶さんから「この日、関テレ（関西テレビのこと）いるから来いや」といわれた。

そうしたら、えらい怒られてん。

「お前、何勝手にやってんねん。県庁行ってたらええやんけ！」

「貧乏で、子ども育てられまへんねん」

「お金のために仕事すんのはあかん！　お金のために働くな。それだけは気ぃつけて、考えなあかん」

「……」

「それに転勤もあかん。子どもどうすんねん」

「……」

返す言葉がなかってん。めっちゃ凹んで、どつかれたような気持ちやった。その日、飯も食わずに帰ったんちゃうかな。

当時、県庁の仕事のおもしろさは感じ始めてたけど、お金のことがどうしても頭にあってんな。子どもの頃から、お金がない大変さを痛感してたし。

マクドの人事部長は気に入ってくれはって、わざわざ家まで挨拶に来てくれてんけど、鶴瓶さんにあぁやっていわれたら、そうかなと思って、仕事を続けることにしてん。

そしたら第1章で紹介した「シルクロード博」の準備が始まって、トイレや電柱の地中化の事業で忙しくなって、仕事がどんどんおもろくてしゃあなくなっていった。

あのときマクドに転職してたら、違う人生歩んでたやろうなぁ。県庁の仕事をこんなに楽しませてもろたし、鶴瓶さんにはほんま感謝してるねん。

鶴瓶さんとの付き合いは今も続いてるよ。年1、2回しか会わへんけど、電話かかってきたで、こないだも。

「今日奈良行ってたで」

「そうなんですか！」

「今日は『鶴瓶の家族に乾杯』のロケや」

「どこですか、三宅町ですか？」

「おう、今日行ってきてん。放送はちょい先や。ところで奈良の人、お前のこと知らんかったで。お前県庁行ってるから聞いてみたんやけど」

「聞きなはんなって（笑）。知ってるわけありませんやん」

「知らんかったわ。俺のほうが有名や！」

そんなん当たり前やて（笑）。もちろん冗談やけど「俺のほうが有名や」とか「俺のほうがおもろい」とか、笑いながらよういわはる。

そういうことというて、今でも電話くれはるねん。


鶴瓶さんは、テレビ番組で観て知ってる人多いと思うけど、あのままの人やねん。芸能人やタレントだけやなく、一般の人とからむような番組もおもしろいのは、人をよう観察してはるし、人に喜んでもらうことを徹底してるから。調子に乗らず、驕りもない。

きっと人が好きやねんな。芸能人でも一般の人が相手でも、スッと入って誰とでも仲良くならはるやろ。

そこは俺、かなり影響を受けてるんやないかな。相手と闘う気はないし、仲良うなりたいねん。

県庁にクレームをいいに来た人とでも「そない揉めやんでも、みんなで話して決めたらええですやん」とか話して、仲良くなったりしたこと多いよ（笑）。

第4章

仕事はこうして「おもしろく」できる

格好を気にせん奴は、ええ仕事でけへん

本章では、仕事をする上で気を付けてること、こんな風に考えてみたらええんちゃうかなっていうことを紹介しようと思う。

まず、うちの部署に来ると、若い奴らは俺の服装に驚くらしいねん。服装は自由にしてる。Tシャツにジパンっていうカジュアルなファッションのときもあれば、スーツ着るときもあるし。

若いときは、かっこいいスーツ着たいと思って、ちょっとクラシックなタイプのトラッド系のスーツつくったりしたなぁ。でも、直行直帰の出張のときとか「なんでスーツ着て行かなあかんねん、めんどくさい」みたいになってきて、ラフな格好もしだして、自由になっていったな。

基本は、スーツでもカジュアルでも清潔で、自分で「かっこええ」と思う格好。（先輩や上司の）おっさんたちは「なんやねん、こいつ」と思ったかもしれへんけど（笑）、やっぱり格好は自由っていうか、かっこよくないとあかん。

服装が相手に与える印象とかメッセージってあるやん。相手に「柔軟に発想してくれ」っていうのも感じてほしいねん。そうなるためには、かっこよくないとあかん。

せやからスーツ着るときは、いい感じのスーツを着たいなと思うし、いいネクタイにいい靴。高いものじゃなくていいけど、いいもの。毎回ズボンプレッサーかけてビシッとしてなあかんし、シャツもシワあったらあかんし、靴も絶対に磨かなあかんから、準備に時間かかるねん。ハンカチ、鼻紙も持たなあかん。そういうんは、すごい大事やと思う。

スーツ以外のときは「いつのやねん」みたいな服やなくて、すっきりした感じの今風な普通のものを心がけてるかなぁ。高いブランド品を着よとか絶対に思わへんし、そんなん嫌いやから。

みんなと全く同じ格好したり、一年中同じような服着たり、暗い感じのスーツ着てたり、ズボンの丈が変な奴とか、ブカブカの奴とか、しわくちゃな奴とか、靴汚い奴とかおるやん。

そういうんは絶対仕事でけへんから。格好を気にせん奴は、ええ仕事でけへんと思う。仕事できる奴はみんなかっこええ。そう思うわ。ほんまに、ちょっと気にすることが、いろんなことに気ぃ付くことに繋がるんちゃう？

うちの部署に来た奴は、みんな自由でおもろい格好しとんねん（笑）。それなりにかっこええよ、みんな。大事やと思うわ。

そうやってると目立って、みんなに「どんな仕事やってるの」って見られるから、それなりにやらなあかんってなるやん。いい相乗効果が生まれると思ってってん。

自分を追い込むことは重要やと思うで。地味にみんなと同じようにやってたら、仕事も地味に頑張らんでもええみたいになるやん。

何事も追い込むのは大事や。人は油断する。特に俺は調子に乗るたちやから、そこ意識せんとなぁ。こんな管理職、あんまりおらんのちゃうかな。変なおっさんやから（笑）。

そもそもなんのためにしようとしてるのか？

役所やから、人のためになる、人が喜んでくれるっていう仕事が道理やねん。物差しはいつも「世の中にとってええこと」のはずやん。

世の中を良くすんのが俺らの仕事やんか。今より良い方向にいくために、常に考える。今より悪《わる》なるとか、今のままやったら良くならへんねやったら、「それはなんで？」と思って、良くなるほうに変えたらええ。

事業がスタートする前はもちろん、進行中にもよう意識するのは、「これ誰のためにやってんやったっけ」ってこと。必ず相手がいるはずやん。その人が喜ぶことがゴールやったんちゃう？　って。

喜んでもらえることが最大の成果やから、喜んでもらえる対象を忘れたらあかんと思う。

そもそもそれを始めたとき、何かを解決したかったはずやし、誰かを喜ばせたかったはずやん、どんな仕事でも。

それを忘れてしまって、めちゃめちゃ近いとこで手を打とうとしてる状況って、あるやん。そういうときは、必ず立ち戻る。

たとえ知事や上司がいうたことやとしても「誰が喜ぶねん、それ？」っていう視点はすごい大事やと思うなぁ。上司から「こうやっときや」っていわれたことがあったとしても、「いや、もうちょっとこうしたほうがええやん」とか自分で考えて、ちょっとずつ進化、変化させるのを心がけてたなぁ。

喜んでもらえたらモチベーションが上がって嬉しいしな。俺の場合は「巻き込まれて大変やったけど、やっぱ良かったわ」みたいにいわれるけど（笑）。

喜んでもらうことはみんな忘れがちやねん。ほんま、俺も忘れるから自分にいい聞かすし。誰に喜んでもらいたいかっていうことを見失うねんな。

違う方向に行ってるときって、あるやん。考え方がブレてへんかったらええけど、やってるうちに「考えてたこととちゃうことになってるやん」みたいな、ようあるやん。

気付いたら「待て。こうちゃうか」って戻すのはすごい大事やろうな。

「なんでやねん？」

「誰のためにやろうとしてんの？」

「そもそもなんのために、何をしようとしてるのか？」

このあたりに気ぃ付けてないと、間違うてくるで、だんだん。

失敗を恐れずやる。自治体職員はクビにはならへん

やること決めたら、すぐやる、すぐ動くっていうのは、大事やって思うな。

ほんで、やるときは失敗を恐れずやりきったらええと思う。念には念を押す、それも押しすぎやんって人おるけど、俺はいつも確信があって「絶対間違ってないから、やりきらなあかん」と思っててんねん。

もちろん失敗せんように、確認したりほかの事例と比較したりするけど、「そもそもこれをなんのためにするのか」っていう想いがあるやん。その想いや志に沿って考えて「これや」ってなったら、きっと間違ってへんねん。

周りに「いや、こうなったらどうすんねん」っていう人がいたって、「本質的にこうですやん」っていいきれるぐらいのロジックさえあれば、「これ失敗や」っていわれても「いや、ここはこういけてるやん」みたいなんが絶対あるねん。失敗っていうほど失敗にならんわ。

こんなことを書いたら怒られるかもしれんけど、変なデータなんかよりも、完璧に「これはええ」っていう筋道が通ったロジックをちゃんと立てられるかどうかやって思う。

筋道が通ってる話やったら、やってみたらだいたいうまいこといくねん。思った通りのゴールやなくても、別の、ええゴールが出てきたりするからな。

やってみるのはすごい大事やで、やらんとなんも分からんもんな。「こんなんなったらどうする?」なんていわんと、やってみたらええんちゃうと思う。「そらそうや」って思ってるのにせえへん奴、多いやん。「そやけどな、それやったら大変やな」って、要はめんどくさいからやらへん。めんどくさがらんと、やってみたら案外いけたりするよ。

そのほうがええんやったら、やらなしゃあない。断る理由ないやん。なんとかしてやってみようって考えたほうがええ。今すぐその通りにできるかどうかは分からんけど、なんらかの動き、きっかけになるはずやから。

失敗を恐れないっていうか、全然チャレンジとも思わへんねんけどな、俺的には当たり前ちゃうの、みたいな感じやったなぁ。

それで致命的な失敗しても、自治体職員って、法に触れる罪を犯さない限りはクビにならへんから。

逆に、「もっとやっといたらよかった」っていう後悔はけっこうあるよ。

例えば、農家民宿をつくってたとき、それをもっとフォローして、もっとやっていけばよかったのに、南部振興課になったときに観光セクションに渡してん。もっとやっとけば、農家民宿増えたなぁって。その後、民泊ブームが来て、そう思ってん。

信頼できる「友達」と仕事する

仕事をするとき、全く知らん人と仕事するシステムはおかしいと思う、ほんまは。できるだけいろんな人と企画段階から話したり、ブレストが一緒にでけへんと、いいもんが生まれへん。

もちろん役所のルールでコンペがあったりするけど、やっぱり委託契約とかなったら仕様書に書かなあかんやん。そしたら、それしかでけへんし。なかなか仕様書には書ききられへんこともあるやろうし、業者さんと発注者みたいな関係性でないほうがええ。

知ってる人、それも信頼できる人と仕事して、どんどん仲良くなって腹割って話せるようになると、いいものになるやんか。ただ発注するんやなくて、一緒にやっていく感じにして、たくさん話して、ある程度お互いのことを知った上で仕事していく。気持ちは繋がってるほうが、ええような感じするな。

そういうのが嫌な人は嫌でもええけど、俺は「こんなことやってきましたよ」「こんな暮らしです」って自分のことを知ってもらったほうが、その後企画とかを考えやすくなるんちゃうかなと思うタイプやねん。

それを「癒着だ」っていう人もおるかもしれんけど、そうじゃなくって「友達」やねん。仕事を通じて友達や仲間になっていくこともあるし、一体の仲になったらええやんと思う。

役所の中にだけおって、どんどん昇進していったら、だんだんそういうことがでけへんようになってくるやん。それはあかんと思う。

友達で対等やねんから、お互いにいい合えたら、めちゃめちゃええやん。

俺はおっさんやし、体育会系なところもあるからさ、先輩ヅラするときもあるけど、みんなと友達感覚でフラットにしゃべれる人でいたいなぁ。

そういうスタイルがどこまで影響してるんか、はっきり分からんけど、俺がいろんな事業をやって来れたのは、誰かがやってくれたからやねん。俺はいうだけ。みんな応援してくれて、巻き込まれてやってくれんねん。

例えば『オフィスキャンプ東吉野』を立ち上げたときも、普通は「あんなボロい家どうすんねん、税金かけてどうすんねん」って考えるやろうけど、村長がそこに乗ってくれて、予算付けてくれたわけやんか。それってすごいと思うよ。

「こんなこと俺やりたいねん」って話したときに、「自分もそれはやりたかった」とか「いいですね」っていわれるようなタイミングあるやん。いつもやらしてくれる人たちがいてくれたことには、感謝しかないなぁ。

鶴瓶さんに教わった「仕事をシンプルに説明する」

仕事内容やプロジェクトのことを説明するとき、説明が長い奴いるやん。「地域の課題解決を」とか難しいことという奴とか。

そういうときは、簡単に説明できなあかん。

今こそ偉そうに語ってるけど、俺自身が若いときはそれができてなくて、鶴瓶さんに教えてもらってん。

平城遷都１３００年記念事業準備事務局に入ったばかりの頃、横浜に出張してるときに、たまたま鶴瓶さんから電話かかってきて「何してんのお前、今どこや？　飯でも食いに行こうや」っていわれてん。びっくりして、なんで分かったんかなと思った（笑）。六本木まで来いっていわれて、すぐに向かった。

店に入ったら、鶴瓶さんは若手芸人を連れて来てて、「俺が可愛がってる、奈良県庁にいてる奴やねん」って紹介してくれた。

そのとき、「お前、今何やってんねん」って聞かれて、平城遷都1300年記念事業を説明せなあかんと思って「710年から1300年後で……」とか「都ができてから……」とか長々いうてたら、突然怒られてん。

「分からへんねん、お前。何いうてんねん。簡単に説明できへんような仕事してんのか。仕事っちゅうもんはな、聞かれたらパッと答えろや！」

めっちゃ怒られてん、俺。そない怒らんでもええやんって思うやんか、弟子ちゃうし（笑）。そのときは4月下旬ぐらいで、事務局に入ったばっかりでうまく説明できんかってん。

「入った日からそこの職員やろ。シンプルに説明できんのか？　奈良を良うせなあかんやろ。お前分かれへんのか」

「いやぁ……」

バーンっていわれて、返す言葉がなかった。俺は当時41歳で、調子乗ってたと思う。調子乗ってたっていうのは、いけるなって思っててん。「俺がやれることは国との繋がり。その環境をつくった上で、次の事業は……」とかイメージしててんけど、そんとき、2010年に何するか、肝心の事業内容が何も決まってなかったから説明に詰まってしまったわけや。

だからこそ、グサッときた。そうやって怒られて、ほんまやなって反省して。

鶴瓶さんが自宅前のホテルの部屋を俺に取ってくれたんやけど、帰り際ベロベロやって、鶴瓶さん。

「お前、(職場に)明日休みいうてんのか?」

「いや仕事ですよ、明日帰ろう思ってます」

「それやったら、明日昼までに(職場に)絶対行けよ」

深夜ホテルで、その日に鶴瓶さんにいわれたこと、ホテルに置いてあった便箋にブワーッと書いてん。今でも取ってあると思う。

翌朝6時に起きて新幹線乗って、昼前11時ぐらいに奈良に着いたんや。で、お礼の電話してん。

「なんや?」

「昨日ありがとうございました」

「ああ、お疲れ。で、なんや？」

「今、奈良着きました」

「ほんでなんや？（プープープー）」

それだけいうて切れてしもてん。たぶんなんも覚えてはらへん。「たのんますわ……」って思って（笑）。ほんでまた昼の3時か4時ぐらいに電話かかって来て。

「お前電話くれたやろ？　なんやってん？」

「昨日お世話になりまして」

「ほんで？」

「昼までに（帰れ）っていわれたんで」

「そんなん俺知らんわ（プープープー）」

もうわけ分からん（笑）。やられたって思ったけど、そのとき怒られたことは俺にはすごい大きかった。やっぱり分かりやすうせなあかんって、めちゃくちゃ思った。

それから特に意識するようになったわ。どんな仕事でもシンプルに説明できるはずやって。

鶴瓶さんは、ほんまええ人。ほんまに大好きや。俺の一部をつくってると思う。頭上からんから、いまだに会うといい意味で緊張するけど、俺にとってそんな人は鶴瓶さんだけちゃうかなぁ。

自分の仕事を家族に自慢できるかどうか

仕事をするときの物差しとして一番重要やと思うのは、自分の仕事を家族に自慢できるかどうか。俺の場合は、やっぱりおかんに褒めてもらいたいと思うな。幼少時代怒られてばっかりやったから（笑）、「ええことやってんな」っていわれたら、めちゃめちゃええやん。嫁はんにも「テレビでやってたで。ええやん、良かったんちゃうん」っていわれたら、嬉しいやん。近い人にそういってもらえたら、ほんま嬉しいなと思う。

誰かから反応があると嬉しいやん。例えば、同級生から「あれ、お前がやってんねやろ？うちの娘がめっちゃええっていうてんで」とかいわれたら、めっちゃ嬉しい。

近い人に自慢できるような仕事って、分かりやすくていい仕事やねん。

例えば民間企業で「これによって、こういう人が楽になる」っていう商品やサービスがあれば、分かりやすい。でも役所の仕事が「ええな」っていわれることって、実はなかなかないから。それをつくっていくねん。

家族に自慢できる仕事をしよ。

横展開はオリジナリティがないから嫌い

同じものを横展開するんは嫌いやねん。よういわれんねん、「横展開でけへんからあかん」って。いやいや、それでええやんと思ってる。

目標設定して、ブラッシュアップして横展開みたいなのはあかんと思う。たとえイケてる横展開の活動をしてる奴の話聞いても、俺は楽しないねん。横展開をやってる瞬間はええかもしれんけど、上っ面のことになりがちで、オリジナリティがないし、全然おもろないなぁ。「そこで落ち着くんか。もっと尖っていけや」って思ってまう。

横展開しやすい都会やまちならいいけど、俺がやりたいのは地域のことやから。そこにあるもの、そこにしかないものが大事やと思う。入りこまなあかん。入りこむから一生懸命になれるやん。

それに、俺しかでけへん仕事のほうが好きや。

アメリカに行ったことは第１章で紹介したけど、現地で見つけた雑誌『ＴＩＭＥ』の表紙が日本人で、「これ誰や?」って思ったら孫正義さんやってん。

『TIME』には、アメリカに本拠地のある『Yahoo!』の権利でオークションサイトやるみたいな記事が載ってて、それで表紙やってん。

後に日本で「Yahoo!」っていうオークションサイトがスタートしたときは、「ああ、日本でもこんなんできたんや」って思ったなぁ。

孫さんは『ソフトバンクグループ』の事業も始めて、実業家としてすごいことになってるけど、横展開なんかしてへんやん。全部独自やんか。そっちのほうがええんちゃう？

社会も人も、この先もっと変わっていくやろうし「ここがゴール」なんて勝手に決めたって、まだまだ先広がるやん。

俺も県庁で働いて長くなって、管理職みたいになってきたときに、事務所でじっとしてマネジメントをせんとあかんのかな？　って思ってん。でも、やっぱり違うんちゃうかって。やっぱり現場に行かんとオリジナリティのある仕事はでけへんと思う。

ゼロから1をつくり出すことが好き

そもそも自治体って、絶対せなあかんことがいっぱいあるやん。きっちりもれなく、それは的確にやらなあかん。

でも自治体は、ゼロから1をつくり出すことは苦手でさ。それはたまにおるような、ゼロから1をつくるのが好きな奴が担ったらええって思ってて。俺もそうで、ゼロから1が大好きやねん。

たぶんそんな人、自治体に1％くらいはおるんちゃう？　その人らがもっと自信持って、ロジックつくり出していったらええと思うよ。

そうすると、すぐ「予算がない」とかいってくる奴がおるけど、まぁ大きなことといいながら、ちっちゃいことからやっていったら、それなりに形になってそれが続いたら嬉しいやん。もともとはゼロで、なかってんから。

県庁も含めて大きな組織におったら、今までの流れのままやってることが多くて、でもその中に不合理っていっぱいあるやん。「これ変えたほうがええやん」って変えたりしたけどな。

自治体に勤める多くの人が、PDCAサイクルをずっときっちり回して、1を1にしてるように思う。Plan（計画）、Do（実行）、Check（評価）、Action（改善）、それでまたPlanに戻るんやから、1から1やん。成長せえへん。Planを詰めすぎて、「こうせなあかん」ってなって角が取れてまう。1から10、1から100にはならへん。

俺はそれ、苦手やねん。どうも合わへん。民間企業だと、目標設定して1を1・2とかにするねん。公民連携も、1を1・1とか1・2にすることを目指すねん。

でも、あくまで俺の場合やけど、それでも全然おもろない。そもそもなんで1から1にせなあかんねやろ、そもそもこの1が間違ってんちゃうんって思うねん。1から1は、だんだん1から0・7、0・5とか、やっていくうちに減っていくこともあるやん。

ゼロから1は、「こうせなあかん」やなくて「こうなりたい」から始めること。振り返るといつも俺には夢とか突然湧いてくる妄想みたいなんがあって、それをみんなに話してたら、みんなが応援してくれて、俺も一生懸命考えて、それがロジックになっていくねん。夢を実現する、ゼロを１にするのが好きやねん。前例がないことやってたら、比べるものがないから誰も怒らへん。そこしか俺、得意分野ないし。最初の１をつくるほうがおもろい。それ、ほんまは自治体がもっとできるはずやねん。

だから、ＰＤＣＡじゃないねん、もう。直感みたいなとこを膨らませて、現状分析があってロジック化して仮説立ててやる。夢から、考えてつくり上げていくねん。

遊んで、考える。公私混同でいい

自治体職員は、遊んでなあかんな。遊んでたら気ぃ付くことといっぱいある。ほんま思うわ。

できるだけ世の中のことに触れとかなあかん。

例えば観光を担当してる人が、週末いつも観光してるかっていう話やん。観光客の感覚が分かるかどうか。土日は昼まで寝てたとか、パチンコ行ってきたとか、そんな奴は観光でけへんやろ。

俺はたいがいどっか行ってるで（笑）。あんまり事務所におらん、現場におるから。やっぱり現場を見たくなるし、おもしろそうなところを教えてもらったらすぐ見に行きたくなる。遊びに行ったら「あれ、なんやこれ？」って思って、それがインプットになるねん。

若い奴らには「自分らでよう考えろ」って、よういうで。上からいわれたことに「はい」って従うだけになると、それは絶対成功せえへんな。やっぱり創発的に上がってくること、夢とか妄想とか直感って大事なんや。

仕事は仕事、プライベートはプライベートみたいに分けてたら、発想が湧きにくいかもしれん。

俺は仕事とプライベート、ごちゃごちゃや。仕事もプライベートも自分の感覚でおんなじように楽しみたいし、仕事も遊びもおんなじ物差ししかないからさ。

公私混同したらあかんっていう人おるけど、どういうことなんかなって思うねん。「オン・オフ分けてます」って聞くと「いや、オン・オフってどういうこと？　いつもオンやろ」って思ってまう。

そら最低限のルールはあるかもしれんけど、感覚の部分はごっちゃのほうがおもろいやん。

ちなみに遊び以外のインプットは、本も新聞も読むし、ニュースも観るよ。ニュースは特に、ＢＳで海外のニュース番組を観る。１日に20、30分。おんなじものを伝えるニュースでも、日本の報道と全然違うときがあるねん。

真実がなんなのか分からんから、事実だけをしっかりとらえたいし、でも惑わされてもあかんしな。そういうのをインプットしながら、自分ができることとか、組織としてどうとらえるか、考えたいって思うねん。

求められるのは、スピードとチャレンジ

役所の仕事はスピードを求められる。そうなったらさ、俺は得意や（笑）。ジャッジ、ジャッジ、ジャッジ。「考えて明日答えます」なんか許されへん。その場その場で判断。テニスの壁打ちの壁にならなあかんから。

なんで得意かっていうたら、奈良公園で磨かれたな。あのとき、成長させてもらったと思う。お寺や神社、国立博物館、露天商の人らとの調整とかで慣れていったんちゃうかな。

上からいわれたことをやるんやなくて、自分でジャッジしていってん。なんにも考えんと指示通りにやって「報・連・相」なんて、そんなんあかんと思うで。「自分でジャッジして、こう変えました」って報告やったらええけどなぁ。

ジャッジするときの物差しあるやん。法律とか規則とか、答えがあるもの。そこをうまく調整して「こうやったらいけるやん」って方法が見つかったらおもしろい。スピード力が付

けば、重宝されるやん。

日本人って「前はこうやったから」っていってあんま変えたくないんちゃう？　最初に変えるのって難しい国やんな。成功してすごくうまくいったってならん限り、誰も手出さんし。チャレンジせえへんやん。

でも俺らは、課題がまちよりも10年、20年先いってる過疎地域の振興をやってきたから、その肌感覚でいろんなこと考えて来てん。時代の変化のスピードに追い付けてるかどうか分からんけど、時代の変化に合わせて物事考えて、常につくって来た感じやなぁ。

日本政府とか県とかがプロダクトアウト的に提案して制作する場合もあるし、声を聞いてそれ反映する場合もあるし、どっちも必要やと思う。


そうやって考えて仕事をつくっていくと、自分の仕事量が増えるって考える人は多いけど、俺は「仕事が増えてまう」とは思わへん。実際、あんま増えへんねんな。すぐ終わる（笑）。次やりたいことがあるから、はよ終わらせていかな。

やったら良うなるのに、やらへんのは気持ち悪いやん。「やったらええのに、なんでせえへんの」って思う。気ぃ付いたら、やらなしゃあないし、やらんわけにもいかんし。何かを解決したり、整理されれば、スッとして気持ちええやん。それが別に担当外のことでも俺は全然かまへん。

これから、地域の状況はもっと変わる。国民の半分以上が働かへんような時代が来るわけやんか。

そのなかで、自治体のあり方も変わってくるし、みんなの暮らし方も変わってくるやろし。そのときの新しさっていうんが何か、絶えずいつも考えるんやろな。

考えるのが当たり前にならなあかんねん。これまでの時代は右肩上がりで考えなくても済むことが多かってんな。「やっといたらええわ」みたいな。右肩下がりのときはやっぱり考えやんと。でも、そっちのほうが楽しいやん、考えるほうが。

憧れは、遠山の金さん

俺はいつも作戦考えるのが好きで、強い権力とか地位を利用してっていうんは大嫌いやから（笑）。

昭和の日本人の典型やから、時代劇『遠山の金さん』『水戸黄門』『大岡越前』とかに憧れてるねん。若い人らは知らんかもしれんけど、事件が起きて、誰かやみんなのために何かを解決していく物語。特に憧れるんは、遠山の金さんやなぁ。

俺のことを「スーパー公務員」っていってもらうことがあるねんけど、そんなんやないねん。入れ墨入れててやんちゃやけど、江戸町奉行（まちの行政を担当する役職）の遠山の金さんこそが、スーパー公務員やろ。現場行って情報収集して、フラットな目線で判断して悪い奴をやっつける。それも権威主義の奴をやっつけることが多い。相手の立場とかを見るんじゃなくて、俯瞰してロジックで判断する。めっちゃかっこええやん。

仕事で悪いことしたらあかんよ。喜んでもらえることをやらなあかん。それが俺にとっては、おもろい仕事。

みんなにいわれんねん、「それ、そんなおもろいか？」って。でも、おもろいとこを見つけてまうねん。俺変わってるからなぁ。

あかんことってあるやん。世の中的にあかんこと。世の中的にそのほうがええっていう絶対的なロジックがあるねんで。それがないと認めてくれへんやん。

俺、評価されへんことはいっぱいあったけど、それは世の中的にあかんかったんやろな。世の中的に評価されるようにならなあかんな。「あいつ、ええことやってる」って。そしたら絶対認めてくれる人がおるから。

役所の中でいろいろいわれて反対されたとしても、誰かが認めてくれて背中押してくれたり引っ張ってくれたりしたら、できるようになっていくと思うねん。

でも大事なんは、認めてほしくて評価のためにやるわけじゃない。きっと遠山の金さんも評価のためにやってない。ただやりたいだけ。「この事業をやらせてほしい」っていう熱意があるだけやねん。

ブレストミーティングが大事

仕事を進めるときは、ブレストミーティングを大事にしてるねん。ならの魅力創造課のときくらいから、部署内でよう話するようになってさ。

それぞれが口に出していうことはすごい大事で、出た意見やアイデアをみんなでああやこうやって叩き合って、磨いていくやんか。いわへんかったら、自分の中でずっとあったためて、しぼんでいくだけやん。

いい合って、それに対して意見がちょっとでも出たら修正もできるし、良い方向にいく。

あと、話しながら書くことも重要やねん。ホワイトボードとかに書いて見せて、みんなで確認・共有もできる。話すことと書くことで「なんやそれ?」みたいな甘い部分も見えて来るけど、そこを思いきって進めていくと、案がだんだんすっきりして来るから。

ブレストのときは、みんなに話してもらうよう意識してるで。「どう思う?」って振って、意見聞きながらどんどん書いてく。みんなやっぱり小さなプライドがあって、はじめはなかなかよういわん。でもやってるうちに、だんだん話すようになって来る。

書いて、消してとやっていくうちに、頭がまとまって来る。関係ないように思えることも併せて書いてると「なるほどな」とか思うもん。いろんな視点でものを見る、考えるきっかけになる。

それに、人前でいったことは、いうたらやらなあかんようになるやん。みんなの前で宣言してるみたいなもんやから、絶対やらなあかんようになる。

どんどん追い詰めよんねん。これ、気持ちええ。「ヤバい、どうしよう、やらなあかんやん」ってなってくるのがおもろいやん(笑)。

仕事の進め方とサッカーの戦術は似ている

俺は、同時進行型や思うねん。いろんなこと同時に考えるの好きやから、複数のプロジェクトが割と合わさっていく。

どう進めてるかっていうと、以前は自分が主体になって事業を進めて、若い奴らにそれをサポートしてもらってたけど、最後の数年は、プロジェクトを担当者にできるだけ任せていった。俺はきっかけだけいうねん。

それで進んだり、連動したりしてるのを見ながら「ここでこう動いたら、こっちはこう行かなあかん」とか、調整していく。まぁ、プロデュースやな、ある意味。

これは、サッカーの戦術と似てんねん。

ボールの位置によってみんなの動きが変わる。例えばディフェンスは「コートのここのスペースを埋める」とか、意識してるから。逆にわざとスペースを空けといて、辛抱してチャンスを待って行く、みたいなこともある。俺はその全体を引いて見てる感じやねん。

仕事も同じで、ボールが次にどこへ行くか。サッカーは次の展開、そのまた次の展開、さらに次の……って予測して動くスポーツやから、けっこう似てるなぁ。

ボールが来たら、仲間のスピードやキャパを見ながら、それを仲間の足元を狙って出す場合と、ちょっと遠くのスペースに出す場合とあるやん。そんなんも仕事に似てる。

全体を見て、どっかに隙間があれば埋めるし、空いたとこにチャンスがあるし、そういうのは意識してやってる。無理せんでええときと、勝負するときがあるけど、チャレンジせな勝てへんし。

同時にいっぱい進めてたら、あかんやつもええやつも出てくるけど、一個だけ進めてて失敗したら、終わりやから。

俺は一個のことコツコツできへんねん。昔からどうも合わへん。そのスタイルはずっとおんなじ。

こっちがパンツ脱がな、向こうも脱げへん

人とコミュニケーションをとる上で気を付けてるのは、これ表現は悪いけど（笑）、「こっちがパンツ脱がな、向こうも脱げへん」ってことかな。

つまり、まず自分のことを話さんとあかん。自分が格式張ったスーツ着てネクタイしたまま、相手を脱がそう思っても、無理や。先に脱いだら向こうも脱ぐわ。それがなかなかでけへん人が多いんちゃう？

相手のとこに飛び込む＝自分のええとこも悪いとこもさらけだすってことや。そうやないと、相手が話すわけないやん。自分のこと、隠してもしゃあないし、すぐバレる。自分がど

ういう者で、こういう生い立ち、こんな過去があってとか、家族のこととか話す。質問ばっかりじゃなく。共通の友達がいたら「こういうことで友達になって」と全部話すと、向こうも話をしてくれる。

かっこつけないっていうか、自分のことをまず、あけっぴろげに分かるように話さんと、そら相手も構えるやん。

なかには嫌がる人もおると思うわ、「なんやねん、馴れ馴れしい」って。でも俺は自分を隠したままでは仲良くなられへんって思ってるから。

やってるうちに仲良くなって、みんなで助け合うようになる。そうやって強い組織・チームってファミリー化していくよ。

できるだけ、オープンマインドでやったほうがええんちゃうかなと思う。そうやってどんどん垣根が下がっていくやん。

自分のことを話しづらいって人は、一回ちょっとずつやってみたらええねん。赤ちゃんも3歳、4歳って成長するたびに、ちょっとずつ自分の行動範囲を広げてチャレンジしていきよんねん。
それと一緒や思う。ちょっとずつ試して「大丈夫や、いける」と思ったらええ。最初から
バンッといかんでええから、ちょっとずつ自分のことを話して感覚を掴んでいくねん。
自分のことは原稿なくてもしゃべれるからさ。仕事のことをしゃべるより簡単やん。心を
開いてしゃべったら、相手もだんだん「そこまで話してくれるんやったら」ってなってくる
から。

人の目を気にして、いつもええ子でいようなんて思っても、しんどうてしゃあないよ。
まず、さらけだす。俺なんて、いいすぎて「いわんかったら良かった」とかあんねん。何
やってんのかなと思うときもあるけど。それはそれで、いつもその瞬間は精一杯やから。
でもそうやってるのは楽や。「あいつはそういう奴」ってなるから。いつもええ子をして
たらしんどい思うわ。無理や、俺（笑）。ええ子になったことあんまりないから。

その仕事に、魂入ってんのか？

ちょっと重複になるけど、そもそもなんで自治体職員が、このセクションでこの仕事をしてんのかってあるやん。誰かから指示されて、それを消化することがゴールみたいに見えがちやけど、「もともとそのセクションの成り立ちって何？」って。

誰の、なんのために始まったセクションで、何を達成するのが仕事かって考えて、自分でつくっていくしかないやん。

そもそもなんのためにっていうのをいつも頭においてて、「なんで？　なんでそう思うん？」っていつも思えば、いろんなものが見えてくる。

俺はある仕事を引き継いだとき「そうやってずっとやって来たから、こうやってあかんようになったんちゃうの？」って考えてん。どうしたら良くなるか、楽になるか、コストが下がるかって考えてな。

かん。

だから指示されたことをやるときは「その指示、間違うてるかもしれへん」って思わなあかん。

考えることはみんなできるはずやで。「何が？」「なんで？」って考えていったら、モヤモヤすることあるやん。それをめんどくさがらずにしっかり潰していく。一つずつ。

ゴール設定をして「ちゃうやん、それ、間違うてるやん」「こうしたほうがええに決まってるやん」「このほうが楽やん」「筋通ってるやん」とか考える。そこはいつも意識してるよ。

そしてロジックのもと、こうやればこうなるはずやっていう仮説を立てようや。その通りにいったら「しめしめ」やんか。仮説通りいくと、おもろてしゃあないよ。

もう一つ大事なのは、考えるのは大切なことやけど、「頭だけで」考えたらあかん。人が喜んでくれるような仕事をするんやから、魂を入れて、心をこめて考えることが重要やねん。

若い奴らに「魂入ってんのか？」って、よういうてたなぁ。

例えば、若い子たちが頑張ってめっちゃええパンフレットをつくってんけど、印刷が上がってきた状態で山積みされてんねん。

これを読んでほしいターゲットにしっかり届けてこそ、このパンフレットをつくった意味があんねん。

届けたい人の気持ちになって、その人がどこで読むか想像して、設置先を決める。そこまでやりきってこそやと思う。

せっかくつくったいいパンフレットを、定例的に送るところに定量ずつ送ってたら意味ないねん。

前例踏襲っていう言葉、あるやん。その前例になればかっこええやん。やっぱり最初に始める奴になりたい。うまくいかんときもあるけど、うまくいかへんかったら今のとこに戻ったらええだけやから。

第5章

コロナ、ピンチはチャンスや

良くなるほうに最大限抵抗しようや

〈奥大和移住・交流推進室〉

退官前の最後の一年になった令和2（2020）年度は、世界的に新型コロナウイルスが流行した年やった。

前代未聞の事態。こういうとき、自治体としてどう動くか。

例年通り、令和元（2019）年の秋頃から次年度の予算の議論を始めて、年末ぐらいにほぼ固まってたスケジュールがあってんけど、年が明けてコロナが流行りだしてきたから、奥大和移住・交流推進室では新年度予算を「見直そうや」っていって、2月頃から部署内でブレストを何回もやった。

うちの部署は業務ごとに分かれているセクションやなくて、奥大和というエリアの振興をやっているから、観光や産業振興、経済対策、いろいろなジャンルを横断して議論したなぁ。春になって桜の名所の吉野山に人が全然来てないとか、大変な状況が奥大和の観光地で起こってきたから、各地域の状況を見ながら、何をすべきか議論した。

コロナによってできること、でけへんことがあるやん。それで、でけへんことはやめて、できる事業を新たにつくる。当初の新年度予算とは違うお金の使い方にしようって決めた。

こういうときはスピード感持ってやらなあかんし、やらなあかんタイミングにやるべきことをやるしかない。

「どうなるか分からない」っていう人がようけおったけど、どうなるか分からんからこそ、やらなあかんやん。どうなるか分からんからって、なんもせえへんかったら、良うならへん。悪なる一方や。なんかやったほうがええに決まってる。

こんなときこそ「何じっとしてんねん！　抵抗しようや！」って思う。良くなるほうに最大限抵抗する。奥大和を良くしたいと思って仕事してんねんから。

そもそもそれがゴールやのに、何もしなかったらコロナで地域が疲弊していくやん。できること探してやるしかない、やり続けるしかないって思ってた。

俺いつも、なんかうまいことといってへんときは「おもろいやん。チャンスや」って思ってしまう。「うわ、これ、なんでこんなことやってへんねやろ。ブルーオーシャンやん！」って（笑）。

そうやって思い返すと「これやるしかないやん！」っていうのが、ようあったなぁ。

まぁそんなこというても全部はうまいこといかへんよ。世界のイチローさんでも打率4割やん。そう思ったら、なんでもやらな損やと思うねん。

なんもせんとあーやこーや文句ばっかりいう奴はいっぱいおる。でもそんな奴らがおるから、やる気が出てくるし、ある意味ラッキーやん。

「誰もしよらへんから、俺がすんねん！」って。

コロナ禍で野外のアートイベントを思いつく

コロナ禍を受けて急遽やることにしたのが、野外のアートイベント「MIND《マインド》 TRAIL《トレイル》 奥大和 心のなかの美術館」やった。

コロナ禍でなんかやらなあかんと思ったとき、令和元（2019）年に神奈川県横須賀市の猿島で、第2章で紹介した「奥大和クリエイティブスクール」で講師をやってもらってる齋藤精一さんがプロデュースした「Sense Island－感覚の島－暗闇の美術島」を観に行ったことを思い出してん。

東京湾に浮かぶ無人島を舞台に、いろんなアートプログラムが展開されて、夜の無人島を巡るねん。

「あれやったらできるんちゃうか？　奥大和を歩くアートイベントや」

コロナ禍になって俺も休日に山をよう歩くようになってたし、周囲でもそういう人が増えてた。奥大和ってそういうのに向いてるとこ、ようけあって、空広くて気持ちいいし、「気」がええから、そこへみんな来てもらったらええやん！　って思った。

齋藤さんに、すぐに相談してん。

そのときすでに4月後半で、時間がなさすぎるっていわはってんけど、そんなんいうてられへん。大至急企画をまとめて、6月補正予算を獲得せんとあかん！　6月補正予算っていうのは、前年度に決まっていた新年度予算に追加する分。なんぼかかるんか、詳しいことは分かれへんねんけど、勢いで6月補正予算を獲得してん(笑)。

一般的には6月補正予算って、よっぽどのことがない限りないねんけど、このときはコロナ対策として6月補正予算があってん。

予算を獲得するために、それなりの理屈はちゃんといったよ。「コロナ禍だからこそ、この事業をやるべきや」としっかり伝えるのはもちろん、「世の中が今こんな状況やから、こういうことを求められてる」って。

県の事業としてやる限りは、一定のロジックは通ってなあかん。筋道通ってへんかったらあかんねん。

そういうのは感覚とか思いつきじゃなくて、ロジックが要る。奥大和にお客さんが来てなくて、地域の人たちは疲弊し始めていたんやけど、一方でいい話もあった。

吉野山で宿を運営してるおかみさんが、コロナでお客さんがほとんど来ないから、お嫁に来て初めて花見できたらしいねん。「これまで開花時期は繁忙期で自分の花見どころやなかったけど、美しい桜や自然を感じて、吉野山ってほんまええとこやなって改めて思った」って話してて。やっぱり、その地域の人たちに地域のすばらしさを改めて認知してもらうのが大事やって思ってん。

それで、アートっていう切り口がいいんちゃうかと。アーティストなら違う視点や新しい視点で地域のすばらしさを見つけてくれる。それにコロナ禍でアーティストは十分に活動できてなくて、うずうずしてるし。

外に出たい人もたくさんいる。野外のアートイベントなら比較的安全やし、やるべきや！　って。

コロナ禍で自然と新しい考え方、ｗｉｔｈコロナの考え方になるやん。そう考えたら「MIND TRAIL」は「できる」って思った。

約130のメディアに取り上げてもらった

齋藤さんは、最初の企画で「ウォークアート」っていうてはってん。でも2回目の打ち合わせのときに「MIND TRAIL」っていう名前になってて、めっちゃええなぁって思った。「歩く」っていうことと「感覚を研ぎ澄ます」ことが合わさった、今までにない新しいアートイベントって感じがして、ワクワクしたな。

令和2（2020）年10月、奥大和の天川村・吉野町・曽爾村を会場に「MIND TRAIL」はスタートしてん。作品や風景を見つつ3〜5時間かけてコースを歩く芸術祭。

この3つの村は、どこも昔から関係性が深いとこで、各役場の職員さんや観光協会も協力的で、首長さんとも仲がいいし、友達ばっかりやから（笑）。

齋藤さんにしてみれば、地元との関係づくりに時間がかかるから、当然そのあたりのディレクションを心配してはってんけど、そこはありがたいことに地元の役場の職員さんや観光協会のみんなも頑張ってくれて実現できたと思う。準備期間、３ヶ月くらいやったもんな。

本来観光地であるのにコロナ禍で人が来ない。そこになんか違うインパクトを与えて、これまでと少し違うターゲットに来てほしかってん。

いざ始めてみたら、人がたくさん来てくれた。来てくれるかなぁって少しは心配してたけど、「やっぱり」っていうターゲットが来てくれた。

アートイベントは第2章で紹介した「ＷＳＭＡ」で自信ついてて、アートに興味がある一定の層は動くって分かってたし、その会場が山のほうやったらもっとおもろいんちゃうかなって。猿島でも人がたくさん来てたし、絶対来るやろうと思っててん。

これまであんまり奥大和へ来てくれなかった県の北部からも、県外からもたくさん来てくれて、正確な人数までは分からへんねんけど、宿泊客も多くて、ありがたかったな。

コロナの影響で全国各地のイベントが軒並み中止か延期になってたから、ほかに行くとこないやん。競合おれへんもんなぁ。だから、それだけ注目してもらえたんかな。

ほんまにやって良かったって思った。

驚いたんは、会期が約1ヶ月半と長かったからか、約130のメディアに取り上げてもらったこと。

齋藤さんのPRチームのマスコミ対策はすごかった。メディアのネットワークを持ってて、早々にプレスリリースを出して、その後もタイミングを見ながら粘り強く何度もアプローチしていくねん。めっちゃ勉強させてもらった。

3つの村のブランディングムービー

無事に「MIND TRAIL」が始まって、「よし、次は何しよ！」って。なんか新しいこと、もっとやらなあかんと思った。

雑誌『ソトコト』編集長の指出一正さんが「MIND TRAIL」のスタート前日に来てくれて、いろいろと話してたとき、こう相談してん。

「以前大分県さんがつくらはった『大分で会いましょう』っていう映像のプロモーション、良かったですね。あんなんがでけへんかなと思ってますねん」

「大分で会いましょう」は、ネットで公開されてるロードムービーで、齋藤さんや指出さん、「MIND TRAIL」に参加したアーティストの佐野文彦くんが出演していて、普通の人が行かへんようなところを地元の人が案内する内容やった。「これめっちゃおもろいやん」って思ってて、そんな感じで奥大和を案内したいなって。そんな話をちょろっとしてん。

「福野さん、それつくったの、今回の『MIND TRAIL』の参加アーティストや関係者の人たちですよ」

「そうなんや！　できるんですか？」

「ぜひやってください、やりましょう！」

それでできたんが「奥大和で会いましょう」やった。川上村、宇陀市、下北山村という３

つの市と村のムービーとｗｅｂの記事をつくってん。

これはまさしく地域のブランディングやなぁと思ったな。「ここはこういう旅の仕方がええで。こういう人に来てほしい」っていう、ブランディング。すでに有名な観光地のムービーつくったって全然おもろないから、その3つの市と村にしてん。

それぞれに案内人とゲストを立てて、俺らはどこを回るか一緒に考えて、アポ入れや撮影の立ち会いもした。

でも「○○で会いましょう」っていう名前をそのまま使わせてもらうのはすごく気が引けてんけど、大分県の担当者さんがいい人で、「そのまま使ってくれていいですよ」っていうてくれはって「奥大和で会いましょう」になってん。

これから、全国あちこちで「○○で会いましょう」シリーズがどんどん生まれていったらおもろいなぁって思うな。

奥大和の家具がシンガポールでバカ売れする

もう一つやったんが、奥大和で若い職人たちがつくっている木工家具や雑貨のシンガポールでの販売やった。

令和元（2019）年10月に、シンガポールにある百貨店『ルミネシンガポール』でポップアップストア「INTO THE WOODS Okuyamato Craft from Nara」をやってんけど、令和2（2020）年度はコロナででけへんなぁって思っててん。

この話は、東京の友人からルミネの人を紹介してもらったことから始まった。販路拡大や木材振興の意味合いが強いから、そういう担当のセクションに話を持ちかけてんけど、話が進まなかったから「ほな、俺んとこでやるわ」ってなったんや。

前回はシンガポールまで行ったけど、今回はコロナ禍やから行けへんし、商品だけ送ろうということになって。

オンラインで『ルミネシンガポール』の人に話を聞いたら、コロナでシンガポールはロックダウンをしててんけど、それが終わって店を開け始めたら、宝石や時計とか割と高いもんが売れていると。

それを聞いて「ひょっとしたらいけるんちゃうかな」と、直感的に思った。ロックダウンで自由に買い物ができなかった人が、なんか買いたいって思ってるのかもしれへん。

奥大和の木工家具や雑貨は、一つひとつ手づくりやし決して安いもんではない。

それで事前プロモーションとして、こっちの出店者のムービーを撮って、その素材をシンガポールのデザイナーに渡して、編集してもらって、SNSで発信をした。プロモーションの方向性として広く万人に向かうんやなく、人よりちょっと感度が高そうな人に気付いてもらえるようにと思ったから。

時期は、旧正月前後でいこうってなってんけど、スタート切ったら、初日からバンバン売れてん。特に日本やったら売れにくいような高い木製品が、爆発的に。思ってた通りでびっくりしたよ(笑)。

現地の大手新聞やメディアに掲載されて、コロナ禍でもお客さんがたくさん来てくれはって。結果的に、大型家具や雑貨の大半を販売できて、前回の実績を大きく上回った。

商売ってそういうことやな、ちゃんと準備したら売れんねんって思った。

ストーリーをしっかり伝えたら、欲しい人はいてるねん。

シンガポールの人たちは、ＳＤＧｓの感覚が浸透してるのか、脱プラスチックの意識が高いのか、思った以上の売れ行きやったな。

コロナ禍やし普通やったらせえへんやん、海外にもの売りに行くなんて。なんかやってみようっていう実験のつもりやったけど、これはけっこううまくいったなぁ。奥大和の若い職人たちも喜んでくれたよ。

事業者どうしが仲良くなった「にっぽんの宝物」

もう一つ、新規事業として参画したのが、地方に隠されている宝物の商品を選ぶグランプリ「にっぽんの宝物」の開催。この事業を立ち上げてプロデューサーを務めてはる羽根拓也さんは、十津川村出身やった。

これは、まず県内の事業者を対象に「売れる商品を作る技術」「コラボの技術」「差異を見つけ伝える技術」とセミナーを3回やって、商品やサービスの競争力やプレゼンテーション能力を磨いていくねん。

はじめは、プレゼンとか全然慣れてないし、下手くそな人が多かったな。自分のところのせっかくのストーリーをしっかり伝えられへんし、自社の強みや他社との違いもうまく伝えられへん。

でも、アドバイスを受けて、回数を重ねるごとにだんだん上手になっていった。その後羽根さんに参加企業を訪問してもらったら、みんなの表情がさらに変わって、どんどん良くなっていったよ。

令和２（２０２０）年12月に奈良の宝物グランプリを決めて、上位入賞者は、令和３（２０２１）年３月の東京の全国大会に参加してん。

全国大会に行ったら、奈良の参加企業が次々といい成績を収めていって、奥大和チームとしてみんながファミリーみたいになってた。

展示の方法をアドバイスし合って、手伝って、助け合ってて。すごくいい景色やった。涙出たわ。

事業者ごとに職種もカテゴリーも違うねんけど、みんな仲良くやってて、やって良かったなぁと思った。

よう考えたらみんなもコロナ禍でものがあんまり売れへんようになって、それぞれがなんか新しい商品をつくり出すタイミングやったかもしれへん。

みんな普段通りやったら、製造や納品に追われてそんな時間なかったし、ほかの事業者の顔を見ることもなかったと思う。このタイミングでやることができて、ほんまに良かったなぁ。

最後の年に、いろんなことにチャレンジできた

この一年間で、新しい事業いっぱいしたなぁ。「MIND TRAIL」「奥大和で会いましょう」「にっぽんの宝物」など。

ほんまようできたなと思ったし、何よりおもろかった。

俺の性格的に、退官後にコロナ禍になってたら、「俺、こういうときこそやりたかったな」って寂しかったやろな。不謹慎な発言かもしれへんけど。

いろいろやらせてもらってごっつ良かった。「良かった」というのも良くないねんけど（すいません）、こういう危機的な状況のときに関わらせてもらえたことは嬉しいし、やりがいがあったし、ほんまに60歳の最後の年に、いろんなことにチャレンジできたことは嬉しいなぁ。辞めるギリギリまでバタバタしてたもんな（笑）。

偉そうに紹介してきたけど、俺にも苦手なことはいっぱいあるで。プロの人としゃべってたら、「もうちょっとビジョンをしっかり持たなあかん」とか思うしな。

これまで行き当たりばったりで、叩き、叩かれながらつくっていくやり方やったけど、ちゃんともういっぺん目標をしっかり決めて、誰のため・なんのためにやるというのをしっかり考えなあかんかもしれん。

俺、やることが広がりすぎるもん。広げる人と深めていく人と、いるのかもしれんな。俺は広げて広げて、やっていくタイプみたいで。

で、やってみな分からんから、まずやって、気付いたとこは変えて、何か追加したり修正したり。これからもそういうことの連続なんやと思う。

令和３（２０２１）年3月31日。

俺の42年間の県庁勤めが終わってん。

送別会をしてもらったとき、想いが込み上げて号泣するかなと思ってたら、案外サクッと終わってしまった。心にポカンと穴が開いたように「これで終わりなんや……」っていう空虚感はあったけどな。42年、毎日続けてきた仕事がこれで一区切りやから。

それでも泣かなかったんは、漠然としたイメージではあるけど「次、なんかやりたい」という気持ちがあったからやと思う。実は、４月以降の仕事が内定してたしな。

まだまだできるっていう気持ちがあるねん。

俺の活動、「続くやん」って。

どんな形かはまだハッキリ分からないけど、これからも奥大和や奈良のことに関わっていきたいと思う。

巻末対談　福野博昭×坂本大祐　地域の未来

地域に「居続けるデザイナー」がキーマンになる

――福野さんと坂本さんは、第2章で紹介しているように旅行雑誌『じゃらん』の企画で知り合ったのですよね。

坂本大祐（以下、坂本）　今思えば、けっこう無茶な企画でしたよね（笑）。「旅の最終地点は移住である」っていう企画やったんですよ。「好きになったら地域に住んでしまうんちゃうの」みたいな企画で、それを実現した人たちというニュアンスで。

福野博昭（以下、福野）　観光で1回行って、おもろいからまた行くやん。誰かに知り合うやん。何回も行きだして、最終的なゴールは移住やって仮定してん（笑）。

――今でいう関係人口と移住ですね。

坂本　そうですね。

福野　そういう話やってんな。村役場の人の紹介で大ちゃんを知って、ほんで大ちゃんに電話して「県庁の福野です。『じゃらん』の取材で行きますから」って話したら混乱してるやん。「県庁の人が『じゃらん』の取材で来るってなんの話や？」って（笑）。

坂本　「福野いいますけど」ってかかってきて「ほんまに県庁の人なんかな」って疑うぐらい（笑）。ちょっと怖そうな人から電話かかってきたなって思いましたけど「時間空けて待ってますよ」って。

――その取材で出会って、親しくなっていったわけですよね。当時坂本さんは奈良県外のお仕事が中心で「仕事は都会でいい」という考えだったのですよね？

坂本　そうやったんですよ、ぶっちゃけ。ハードワークをしていた時期を経て、体を壊して東吉野村に来た経緯があったんで、落ち着いた働き方をしていて「県外からお仕事をいただいて、この村に住めればいい」と思ってました。仕事だけやなくて、遊びに行くのも県外のまちに出てってましたから。

でも福野さんに出会って、巻き込まれてから（笑）、考えが変わっていきましたね。大きかったのは『オフィスキャンプ東吉野』のオープン後、「現場に立つのは大ちゃんやろ」と福野さんにいわれて、そんなつもりやなかったから驚いたんやけど、俺自身が立ってお客さんを出迎えることになって。当初は、建築デザインだけのつもりやったんですよ。

でも、それで人生が変わったんです。その場所に居続けるっていうことをオープンから2年ぐらいやってみたら、いろんな人と出会うし、地域に居続けることの価値をすごく感じましたね。

福野　大ちゃんがおるから人が集まってきて、ほんまにまさしくキーマンってこういうことやなって思ったわ。

――そういうキーマンのデザイナーさんがいると、その地域が変わるっていうことですよね。

坂本　なんかね、デザイナーがそこに居続けるみたいなこととセットかも分かんないです。

福野　絶対そうや。

坂本　居続ければ地域にコミットしていく感じがあるじゃないですか。そこに根を張っていける。それまでその地域には住んでたけど、県外にばっか行ってて、そうはなってなかったわけで。

──デザイナーとして、働き方や目線が変わったということですね。

福野　でも、偶然出会ってさ、俺もそこでスイッチ入ったっていうか。

坂本　そんな感じやったんですね、福野さんも。

福野　当時俺50歳くらいやろ。実は、もうやりきった感もちょっとあってん。そのとき管理職みたいになっててん。普通はそういうポストになると、現場に出ずに割と事務所にじっとして、管理するんが仕事になるけど、大ちゃんと出会ったり『オフィスキャンプ東吉野』ができたりしたことで「ちゃうな。やらなあかん」って思ったもんな。

──福野さんにとっても、「もっとやろう」と思える出来事だったのですね。年齢的なリミットを自分で自分に設けないという。

福野　そうそう。歳いったほうが、できること増えるもん。

坂本　それくらいの年齢になってくると、だいたい一通りのことは分かってるみたいな感じになりますよね。

福野　俺の場合は大ちゃんっていう14歳も年下の友達ができて、そこから広がる出会いも若い子が多いから、すごい刺激やったね。県庁に50歳まで勤めててみ？　そらもう若い友達減るで（笑）。同世代が楽やもん。難しいことというて「あかん、あかん」っていうてたらええねんからさ（笑）。若い人らにはそんなん通じへんやん。「なんでそんなんなってまうの？」ってなるやんか。

坂本　まあね、そやね（笑）。

福野　そう聞かれたら「そりゃそうやわ、解決せな」って思うから、そのタイミングで会えて良かったなって。今は、小さくまとめようなんて思わへんからな、おもろすぎて。

坂本　俺、一つの鍵は「それぞれのジェネレーションで世代間の交流をどう取り戻すんか」やと思いました。俺もやっぱり年上の人がおると、勉強できたり相談もできたり、いい部分あるじゃないですか。「この中で自分が一番年上」っていう状況ばっかりやと、迷ったときにいえる人がいない状態でしょ。年下の人がいないと新しいことも分からないし、そのあたりを放っとくと、世代間の交流ってなかなか自然にはできへん。意識しないと。それは重要な気がしますね。

ビジョンを信じていい続ける力

――福野さんの実行力について、坂本さんはどう感じていますか。

坂本　それはやっぱり福野さんが各市町村でやってきた仕事や、いろんな行事や会合にまめに顔出したりとかっていうことが、下準備になってますよね。

福野　何をするにしても、地元がやるっていってくれへんかったらできへんからな。

坂本　そらそうやね。予算的にはまずビジョンを見るじゃないですか。それに対して「ここうしたらええんちゃうの」って反対されても、福野さんには、ビジョンを信じていい続ける、いいきる勇気があるじゃないですか。最初に思ったインスピレーションを、最後までずらさんと、ずっと行くから。普通は難しいと思うんですよ。それを信じる裏付けってあんまりないからね。やったらあかんってことのほうが裏付けいっぱいありますやん。それを行ききる力みたいなもんはすごい感じますね。

福野　あれ、いうてるときは、成功することしか頭に出てけえへんからな。「こんなことなったら楽しい」って、「こうなって、こうなって」って、どんどん良うなっていく方向ばっかり考えていくから。

坂本　普通は地元の人に「いや、やめてくれ」とかいわれたら、「しゅん太郎」になりますやんか（笑）。「そやな、ごめんな」って。でも福野さんは「いや。それでもやらなあかん」ってなる。地元の人らも、新しいことなんて分からへんし、やりたくないのは当たり前の話なんですけど、「でもこの人こんなにワーワーいうてるし、やってみよか」ってなったと思うんですよ。そのエネルギーの押し合いっこで勝つんですよ、福野さんは。それにほだされて、ぐっと動いたら、結果がついて来るもんやから、おもろなってそっからは（地域の人が）自分らでやりますやん。でも最初のエンジンは福野さんの瞬発力っていうか、信じ抜いて押し続ける力。なかなかないですよ、普通。

それをまた自治体職員が持ってるっていうところが（笑）、稀有な部分があったんやと思うんですよ。公益的な部分に属する人が、そんな想いを語って動かしていくもんやから、公と民の両方を手にしてるみたいな感じ。

福野　そこは案外、国の制度とかあったりするからな。

坂本　そこも、予算を投下する術を福野さんは知ってたから。

福野　なんかうまいこと補助金制度が出てくるねんな。割と国の制度って、よくできてるやつもあって、うまく使えてないだけやねん。けっこう使わせてもらって、ほんまいろんなことできたし。

この10年で大きく変化した奥大和

――東吉野村に住んでいて、村内の雰囲気が変わったなと感じますか？

坂本　変わったと思いますよ。前は若い人が楽しめるようなお店があんまりなかったんですけど、今はベーカリー、スイーツ店兼カフェ、蕎麦屋兼雑貨屋があって、村内を回れるようになりました。役場でも、職員どうしが立ち上がってイベントやりだしたり、いろいろ活動が始まってて、いいことやなって思ってるんです。

福野　そこまでうまいこといくって、実は思ってへんかったやん（笑）。

坂本　最近びっくりしたんは、『オフィスキャンプ東吉野』を見に来た若い女の子が「こんなことを私も地域でやりたい」って、奥大和の山添村で宿とサウナをつくったんです。そしたら、それに感化された東吉野村の人が「こっちでもサウナつくるか」みたいな話になってるんですよ。

福野　おお、ええやん。

――県内の地域どうしで刺激し合って、相乗効果ですね。

坂本　ぐるっと回って来てる感じで。

福野　いやもう東吉野は劇的に変わってるよ。かっこええ奴もいっぱいいるし。ほんまにローカルかっこええなと思う。下北山村も変わってってるよな。最近、川上村の木工職人の工房を回ってたらさ、みんなかっこええ。こういうんが、奥大和のあちこちで生まれてるっていうのは嬉しい。10年前には全くなかったで。十津川村の谷瀬地区でも、ここ2年ぐらい人口増えてんねん。

坂本　そうなんや。

福野　移住して来る子と、子どもが生まれたりして、社会増、自然増やねんか。地域は、何かしら動けば絶対変わる。

坂本 それを「奥大和」としてまとめて、一個のもんとして見せ続けてブランディングしたっていうのも、すごい大きいと思います。そういう意識をプレイヤー側も持つし。

福野 それぞれがレベルアップしていくもんな。

坂本 相乗効果になりますやんか。「またこんな新しいこと、こんなとこでやってんねや」みたいな。俺らも、ずっと自分らだけで頑張らなあかんみたいな話でなくなってくるし、もう知らんとこで知らんことが始まってるから。

村っていう単位は、ほんまに一つの家族みたいなイメージで見てて、奥大和は友達がいっぱいおる場所みたいなイメージで見てますね。

地域の未来と、行政の力

――地域の未来についても、お考えをお聞きしたいです。全国の地域は、人口減少や新型コロナウイルスなどの影響で、どんな風になっていくのでしょう。

福野　悲観することはなくって。冷静にもの見たら、いける人といける場所は絶対残っていく。ポジティブにものをとらえる人は交流して楽しくやっていけるって思うよ。何もしない、なんでも否定的に生きる人たちは、どこにいても何があってもたぶんしんどいやろと。

大変やけど、みんなで乗り切れるはずやし、これまでもそうやって乗り切って来たから。日本のローカルは、そうなって来たら強いと思うで。人口が少ないからこそ、やりやすいことがあるやん。

もちろん都会で住むことを否定するわけじゃないよ。それはそれでええし、ダブルローカルでもええし。

坂本　これまではある種、地域を開きやすい状況が生まれてて、広がることが目的みたいになってたけど、今回コロナで初めて内側を醸成するだけの理由ができたっていうか。ある種強制的にそういう状況に置かれて「やっぱり自分たちのまちっておもしろいやん」とか、初めて近いところを見直せる時間を持てた人は多いと思うんです。そっから始められたら、繋がる理由ももっとできるなって。見てきたものを展開する先が、自分たちの身の内にあると思うと、「じゃあやっぱりこう変えよか、ああ変えよか」って。

そのエリアの中の機運を醸成していく部分と、それを糧にある種広く繋がる部分とを、両方持てる気概というか。自分たちの「ロコタウン」があるから、外にも行けるみたいなのがあるじゃないですか。地域どうしで交流して「じゃあ一回うちにもおいでや」みたいなやり取りが、お互いに気付きを生んだりとか。

福野 コロナって、見えてなかったもんが見えてくるやん。

――そういう目を自治体職員が持てるといいですよね。「うちは何もない」じゃなくて。

福野 そやね。役所入んねんから、地元好きなはずやから。もっとそこを掘ろうやっていいたいな。自分の故郷、自分の働いてるまち、好きでないと。

坂本 そうですよね。福野さんは「自治体職員って、人が喜ぶ仕事だけやってていい仕事や」っていうてましたけど、俺、ほんまにそやなと思うんですよ。行政の仕事に関しては、誰かの役に立つ仕事をみんなやってるわけで。

福野 嫌がることやったって意味ないからな。みんながハッピーで、喜ぶことが大事。

坂本 行政のお金って、未来をつくるためのお金やと思うんですよ。民間ビジネスのお金って、なかなかそうはなりにくいんですよ。儲かるためにやるから、現実を拡張することはできても、全く分からへん未来に対して投資しづらいんですよ。エビデンス取られへんから。でも行政やったら、うまいことそこをちゃんとロジックで説明できれば、お金付くじゃないですか。

福野　チャレンジはできる。

坂本　これは俺、大きいと思うんですよ。普通に考えたら『オフィスキャンプ東吉野』なんかやらんほうがええに決まってるんですよ（笑）。民間の予算では絶対でけへんのですよ。でも、可能性があるって価値として担保できたら、必ずしもＮＯじゃないっていうのは、行政だからこそで。

福野　絶対そうやで。役所は、夢を語らなあかんねん。暗いこというたらあかんねん。夢語って怒られへんのが自治体職員やから（笑）。

坂本　それは大きいですよ、ほんまにそう思ってます。そこが、行政の持つお金の大きな価値やと思います。

おわりに

みなさん、読んでくれてありがとう。

本書のタイトル『ライク・ア・ローリング公務員』は、『木楽舎』の中野亮太さんが考案してくれてん。

若い人で知らん人もおるやろけど、ボブ・ディランの名曲「Like a Rolling Stone」から取ったってことやねん。

直訳やと「転がる石のように」やけど、制作チームのみんなが、各部署を渡り歩く俺の転がるような様子がぴったりやって(笑)。

現在、俺は宿泊や飲食、アミューズメント事業などを手掛ける『平川商事』

で社長室顧問として働き始めてん。

社長や会社のみなさんの計らいで、毎日出社するわけやない自由なポジションをもらっていて、新規事業をつくってもいいっていわれてるし、副業も可能やから、全国各地に出張へ行ったり奈良県内を回ったりして、相変わらずやわ。


本書の制作にあたり、ほんまに多くの方々にお世話になりました。

特に、出版企画のきっかけをくださった入川秀人さん、出版の道を開いてくださった指出一正さん。コンテンツ制作に協力してくれた丸岡嘉人さん、堀内亮介さん、柴田昌和さん、佐藤（旧姓：廣瀬）佑子さん。そして、編集者の小久保よしのさん、デザイナーの小板橋基希さん、ローカルプロデューサーの坂本大祐さん、写真家の西岡潔さん、『木楽舎』の中野亮太さん、編集補助の本間美和さん、そしていつも見守ってくれたいっちゃん（嫁です）、子どもたち。

みんな、ありがとう。

令和3年7月　福野博昭

ライク・ア・ローリング公務員
まち思う 故に我あり

著者／福野博昭

企画・ディレクション／坂本大祐（オフィスキャンプ）
デザイン／小板橋基希（アカオニ）
編集・構成／小久保よしの
編集補助・営業／中野亮太（木楽舎）
編集補助／本間美和
カバー・帯写真撮影／西岡潔（オフィスキャンプ）
校正／森美音子（聚珍社）

発行日／２０２１年9月16日 第1刷発行
発行者／小黒一三
発行所／株式会社木楽舎
１０４-００４４
東京都中央区明石町１１-１５
ミキジ明石町ビル６階
Ｔｅｌ．０３-３５２４-９５７２
http://www.kirakusha.com

印刷・製本／文唱堂印刷株式会社

ISBN 978-4-86324-160-2

木楽舎的「ローカルを知る」本

ローカルベンチャー　地域にはビジネスの可能性があふれている

牧大介著　定価1600円+税

地域で自ら仕事をつくる「ローカルベンチャー」。発祥の地は、人口わずか約1500人の岡山県・西粟倉村だ。本書では、これまでの軌跡とその哲学、地域経済への思いなどを紹介。移住者や自治体職員など、日本の地域に住むすべての人へ贈る、地域経済の指南書。

コミュニティナース　まちを元気にする〝おせっかい〟焼きの看護師

矢田明子著　定価1500円+税

コミュニティナースという新しい働きかた・生きかたが、全国各地で始まっています。見守りや巡回など、さまざまな活動を通じて地域の人たちのそばで関係性を深め、安心を届けることで、健康的なまちづくりに貢献するキーパーソンです。この活動を島根県でたった一人で始めた矢田明子さんと、全国に広がるコミュニティナースたちが取り組む、これからの地域ケアをめぐる奮闘記です。

関係人口をつくる　定住でも交流でもないローカル・イノベーション

田中輝美 著　定価1400円＋税

いま地方都市では、過疎化や少子高齢化が進み、全国の地方自治体が移住・定住に力を入れている。でもよく考えてみると、どこかの定住人口が増えれば、結局どこかが減ることになるのではないか。実は、人口が減ることなく〝増えるばかり〟で、地域を元気にできる「第三の人口」がある。それは、住んでいなくても継続的に特定の地域に関わる人を指す「関係人口」だ。

もしわたしが「株式会社流山市」の人事部長だったら

手塚純子 著　定価1500円＋税

千葉県流山市に移住し、育児休暇を機にこのまちを知りたくなった。同じ育休中の女性や定年退職された人など、日中まちにいる人たちが活躍できる場所や機会がつくれたら、このまちはもっとよくなるんじゃないか？ いっそのこと、流山市は株式会社、市長が経営者、市民が従業員で、もし自分がまちの人事部長だったら、どんな人材育成・人材配置をしたら、まちの課題は解決していくのだろうか…？ 彼女の妄想が、行政を、学校を、企業を、そして、あなたを動かしていく。